REDLINE WIRTSCHAFT

Jack Foster

EINFÄLLE FÜR ALLE FÄLLE

Erfinden, Ausdenken und
andere Möglichkeiten,
Ideen in die Welt zu setzen

REDLINE WIRTSCHAFT

Jack Foster
Einfälle für alle Fälle
Erfinden, Ausdenken und andere Möglichkeiten, Ideen in die Welt zu setzen
Frankfurt: Redline Wirtschaft, 2005
ISBN 3-636-01183-9

Unsere Web-Adresse:
http://www.redline-wirtschaft.de

Aus dem Amerikanischen von Tatjana Hazagordzian
Originaltitel: „How to Get Ideas", erschienen bei Berrett-Koehler Publishers, Inc. San
Francisco, CA. Published by arrangement with Linda Michaels Limited, International
Literary Agents
Copyright © 1996 by Jack Foster

Umschlag: INIT. Büro für Gestaltung, Bielefeld
Bildagentur: INIT, Bielefeld
Copyright © der deutschsprachigen Ausgabe 1998 by Wirtschaftsverlag
Carl Ueberreuter, Wien/Frankfurt
Copyright © 2005 by Redline Wirtschaft, Redline GmbH, Frankfurt/M.
Ein Unternehmen der Süddeutscher Verlag Hüthig Fachinformationen
Satz und Gestaltung: Beate Soltész, Redline Wirtschaft, Wien
Druck: Himmer, Augsburg
Printed in Germany

GEWIDMET DEN DREI BESTEN IDEEN,
DIE ICH JEMALS HATTE:

MEINER FRAU NANCY
UND MEINEN SÖHNEN MARK UND TIM.

INHALT

VORWORT

Jack Foster ist kein kreativer Zauberer. Jack Foster ist vielmehr ein Ent-Zauberer der Kreativität. „Eine Idee ist nicht mehr und nicht weniger als die neue Kombination von alten Elementen." – Mit diesem einen Satz hat Jack Foster für mich den Mythos „Kreativität" entzaubert, als ich sein Buch zum ersten Mal gelesen habe. Dafür bin ich ihm unendlich dankbar und es ist mir eine Ehre, dieses Vorwort für ihn schreiben zu dürfen.

Gehören Sie zu den Menschen, denen es schwer fällt, auf neue Ideen zu kommen? Für viele ist „Kreativität" – die Fähigkeit, neue Ideen zu entwickeln – etwas Geheimnisvolles und Mystisches, etwas, das sich nicht in Worte fassen lässt. Viele hegen die Vorstellung vom „kreativen Genie", dem seine Geistesblitze einfach nur so zufliegen, wenn es vor einem leeren Blatt Papier sitzt. Glück für die kreativen Genies und Pech für alle anderen? Nein, sagt Jack Foster. Mit dieser unsinnigen und vor allem frustrierenden Vorstellung räumt er gründlich auf: Jeder Mensch kann Ideen haben. Wir müssen nur vorhandene Elemente neu miteinander kombinieren. Dann kommen wir auch auf gute Ideen, viele Ideen und immer mehr Ideen. Und Recht hat er: Unsere Ideenagentur sollte einmal ein einfaches und unterhaltsames Spiel für eine Architektenmesse entwickeln. Wir nahmen die Fotos bekannter Bauwerke und das Spiel „Dalli-Klick" aus der alten Fernsehshow „Dalli Dalli". Bei diesem Spiel wurde ein Puzzleteil nach dem anderen von einem Prominenten- foto entfernt und die Kandidaten mussten den Prominenten so schnell wie möglich erraten. Wer als Erster richtig geraten hatte, gewann. Wir ersetzten die Prominentenbilder durch die Fotos berühmter Bauwerke und schon war das neue Spiel „ArchiClick" für Architekten geboren. Für ein Fest zum Börsengang eines frisch fusionierten Unternehmens kom- binierten wir das Börsenprinzip mit einer Speisekarte. Die Teilnehmer mussten ihre Speisen wie an der Börse als „Aktien" bestimmter Gerich- te einkaufen. Um genug Aktien für ein Gericht zusammenzubekom- men, mussten sie sich mit anderen Teilnehmern zusammentun. So lernten sie automatisch ihre neuen Kollegen aus dem neu entstande- nen Unternehmen kennen. „Eine Idee ist nicht mehr und nicht weniger als die neue Kombination von alten Elementen."

Ich habe in den letzten Jahre einige Workshops zur Ideenfindung gege- ben und bin dabei immer wieder auf Menschen gestoßen, die von sich sagten, dass sie nie eigene Ideen hätten. Nie?! Ich glaubte ihnen nicht und fragte nach. Im Laufe der Gespräche stellte sich immer heraus, dass jeder Mensch Ideen hat. Auch wenn manche Menschen ihre Ideen nie aussprechen, so tauchen doch auch in ihren Köpfen immer mal wieder diese Sätze auf, die anfangen mit: „Man könnte doch mal ..." Sie haben Ideen für ein leckeres Essen, für ein tolles Geburtstagsgeschenk, für eine Verbesserung der Arbeit im Büro, für ein neues Kleid und für vieles mehr. Aber das sind doch keine „richtigen" Ideen, sagen Sie? Warum denn nicht? Jede Idee, die nützlich ist, ist eine gute Idee. Eine Idee für eine Geburtstagsfeier ist genauso eine Idee wie die Relativitätstheorie von Einstein. Dieses Missverständnis, was eine Idee ist und was nicht, ist ein weiterer Mythos, den Jack Foster glücklicherweise entzaubert. Wenn die Menschen das begriffen haben und ein bisschen darüber nachdenken, stellen sie plötzlich fest, dass die Ideen fast aus ihnen heraussprudeln. Woran liegt es dann, dass so viele Menschen glauben, sie hätten keine Ideen? Ganz einfach, weil sie es glauben. Sie haben durchaus Ideen, aber sobald auch nur eine neue Idee in ihrem Kopf auftaucht, meldet sich bei ihnen eine kleine Stimme im Kopf, die sagt: „Die Idee taugt nichts, die Idee kann nicht funktionieren, du hast keine Ideen, du hast nämlich nie gute Ideen!" Und schon vergessen und verdrängen die Menschen ihre kleinen Ideen und glauben, sie hätten nie welche. Deshalb sagt Jack Foster, dass wir daran glauben müssen, Ideen zu haben. Dann haben wir auch welche.

Jack Foster entzaubert nicht nur die Mythen, die viele davon abhalten, ihre eigenen Ideen zu entwickeln. Er gibt auch eine ausgesprochen praktische Anleitung, der eigenen Kreativität Beine zu machen und neue Flügel zu verleihen. Seitdem ich Jack Fosters „Einfälle für alle Fälle" gelesen haben, ist für mich die Entwicklung von Ideen vielmehr ein Handwerk als Zauberei. Diese Botschaft macht es so wertvoll für alle, die ihre Kreativität steigern wollen. Das Handwerk „Ideenentwicklung" kann nämlich jeder lernen, auch Sie. Wir müssen uns nur trauen, anfangen und üben. Und Jack Foster macht es uns wirklich leicht. Sein Buch ist so unterhaltsam geschrieben und so leicht zu lesen, dass Sie es kaum aus der Hand legen werden, bevor Sie es bis zum Ende verschlungen haben. Und dann kann Sie nichts mehr davon abhalten, sich in Ihr eigenes kreatives Abenteuer zu stürzen und immer wieder neue, spannende und nützliche Ideen zu entwickeln. Für jeden Zweck und für alle Fälle. Dabei wünsche ich Ihnen von Herzen viel Spaß!

Matthias Klopp, Berlin im Sommer 2004

VORWORT ZUR 1. AUFLAGE

Sieben Jahre lang habe ich den Unterricht einer 16-wöchigen Lehrveranstaltung für das Fach Werbung an der University of Southern California mitgestaltet. Der Unterricht wurde von AAAA (American Association of Advertising Agencies) gesponsert und war dafür gedacht, jungen Menschen, die in Werbeagenturen arbeiten, einen Überblick über ihren Beruf zu geben.

Ein Lehrer sprach über Kundenmanagement, ein anderer über die diversen Werbemedien und den aktuellen Stand der Forschung. Und ich redete darüber, wie man Werbung kreiert.

Ich sprach über Werbeanzeigen und -filme, über Direktversandwerbung und Straßenreklame, darüber, was eine treffende von einer gewöhnlichen abhebt, über überzeugenden Fließtext, über den Einsatz von Musik und Jingles, über Produktdemonstrationen und Typenauswahl und Zielgruppen und Reklameorte und Untertitel und Strategien und Verlockungen und Werbebeilagen und Psychografiken und so weiter und so weiter.

Und am Ende des ersten Jahres fragte ich die Absolventen, worüber ich hätte reden sollen, es aber nicht getan hatte. „Ideen", sagten sie. „Sie erzählten uns, dass jede Werbung und jeder Werbefilm mit einer Idee beginnt, aber Sie erzählten uns nicht, was eine Idee eigentlich ist und wie man sie bekommt."

Aha.

Während der nächsten sechs Jahre versuchte ich über Ideen und wie man sie bekommt zu sprechen.

Nicht nur Werbeideen. Über Ideen im Allgemeinen.

Im Grunde mussten nur wenige der Menschen, die ich unterrichtete, alltäglich neue, einschlagende Ideen für Werbungen und Werbefilme gebären; die meisten waren Sachbearbeiter für Werbeetats, Medienplaner und -forscher, nicht Texter oder Art Directors. Aber alle von ihnen – genau wie Sie auch und alle anderen in den unterschiedlichsten Berufen, in der Schule und zu Hause, Anfänger oder Profis – wären gut beraten, mehr über den aufregenden Prozess der Ideengewinnung zu erfahren.

Warum?

Erstens, neue Ideen sind die Antriebsräder des Fortschritts. Ohne sie herrscht Stagnation.

Ob Sie nun ein Designer sind, der von einer anderen Welt träumt, ein Ingenieur, der an einer neuen Struktur tüftelt, ein leitender Angestellter, der ein durchschlagendes Geschäftskonzept entwickeln soll, oder womöglich ein Mitarbeiter einer Werbeagentur, der einen bahnbrechenden Weg sucht, ein Produkt zu verkaufen, ein Volksschullehrer, der nach Anregungen sucht, wie er den Lehrstoff leicht verständlich und doch packend rüberbringen kann, oder jemand, der neue Methoden sucht, Tombolalose zu verkaufen – Ihr Vermögen, neue Ideen zu haben, ist für den Erfolg ausschlaggebend.

Zweitens lassen sich heutzutage Ihre administrativen Aufgaben durch den Einsatz von effizienten Computersystemen erheblich erleichtern und verkürzen – womit Sie viel mehr Freiraum haben, die Arbeit zu verrichten, zu der diese Systeme nicht taugen – eben kreative Arbeit.

Drittens leben Sie in dem, was viele „das Informationszeitalter" nennen – eine Epoche, die einen beständigen Fluss neuer Ideen verlangt, um ihr Potenzial auszuschöpfen und ihre Bestimmung zu realisieren.

Das rührt daher, dass der tatsächliche Wert von Information – abgesehen davon, dass sie hilft, Dinge und Sachverhalte besser zu verstehen – nur zum Tragen kommt, wenn sie mit anderen Informationen kombiniert wird, um neue Ideen zu formen; Ideen, die Dinge bewahren und entstehen lassen, Ideen, die Dinge leichter, billiger und nützlicher machen, Ideen, die beleben und inspirieren und bereichern und ermutigen.

Wenn Sie diesen Vorteil des Phänomens Information nicht dazu nützen, derartige Ideen ins Leben zu rufen, dann ist alles nur verlorene Liebesmüh.

Kurz gesagt, es hat in der gesamten Geschichte noch nie eine Zeit gegeben, in der Ideen so dringend nötig und so wertvoll waren wie heute.

Dieses Buch enthält das meiste, was ich meinen Studenten über Ideen erzählt habe.

DANKSAGUNGEN

Ich habe von fast jedem Menschen, den ich je etwas gelehrt oder mit dem ich zusammengearbeitet habe, etwas über Ideen gelernt. Jeder Versuch, sich an all jene zu erinnern und sie hier namentlich zu nennen, würde fehlschlagen. Ein ehrlich gemeintes und stürmisches „Danke an alle" muss daher genügen.

Besonderer Dank gebührt Tom Pflimlin, dessen zahllose Vorschläge sehr hilfreich waren, die erste Version dieses Buches zu verbessern, Steven Piersanti und seinen Mitarbeitern, deren Enthusiasmus, Wissen und Fähigkeiten mir geholfen haben, ein Rohmanuskript in ein fertiges Buch zu verwandeln, und meiner Familie, deren Vertrauen mir Kraft gegeben hat.

EINLEITUNG

EINE ÜBERSICHTLICHE STRASSENKARTE

Mehr als zu jeder anderen Zeit steht die Menschheit heute an einem Scheideweg. Der eine Weg führt in die Verzweiflung und völlige Hoffnungslosigkeit. Der andere zur totalen Auslöschung. Lasset uns beten, dass wir weise genug sind, die richtige Wahl zu treffen.

WOODY ALLEN

Als sie Kanada sagten, dachte ich, dass es irgendwo in den Bergen liegen müsste.

MARILYN MONROE

Wo bin ich? Ich befinde mich in einer Telefonzelle an der Ecke von „Geh!" und „Geh nicht!".

UNBEKANNT

Mein Bruder schreibt Leitartikel für eine große Tageszeitung. Ich verfasse Werbetexte für eine große Werbeagentur. Keiner von uns beiden versteht, wie der andere das macht, was er macht.

„Wie kannst du Leitartikel über 20 verschiedene Themen schreiben, die deine Leser interessieren?", frage ich. „Wie kommst du zu den Ideen?"

„Wie kannst du 20 verschiedene Werbungen über eine Sunkist-Orange schreiben?", fragt er. „Wie kommst du zu den Ideen?"

Tatsächlich bedienen wir uns wahrscheinlich beide derselben Techniken, ohne dass wir uns darüber im Klaren sind. Im Grunde haben alle mir bekannten Menschen, die sich intensiv mit der Analyse von Ideen beschäftigen, so ziemlich dieselbe Auffassung darüber, welche Prozeduren man befolgen muss, um zu Ideen zu kommen.

Im Buch A Technique for Producing Ideas (Eine Technik, um Ideen zu produzieren) beschreibt James Webb Young eine Fünf-Schritte-Methode, um Ideen zu produzieren.

Erstens muss das Bewusstsein „seine Rohmaterialien sammeln". In der Werbung beinhalten diese Materialien „ein spezielles Wissen über Produkte und Menschen (und) Allgemeinwissen über das Leben und Ereignisse."

Zweitens muss der Geist durch „einen Prozess des Zerkauens dieser Materialien" gehen.

Drittens: „Lassen Sie das ganze Thema fallen und versuchen Sie, das Problem so weit wie möglich aus Ihren Gedanken zu verbannen."

Viertens: „Aus dem Nichts wird die Idee erscheinen."

Fünftens: „Nehmen Sie Ihre kleine, neugeborene Idee in die große weite Welt der Realität mit", und beobachten Sie, wie es ihr ergeht.

Der deutsche Philosoph Helmholtz erklärte, er verfolge drei Schritte, um neue Gedanken zu bekommen.

Der erste sei „Vorbereitung", die Zeit, während der er das Problem „nach allen Richtungen hin" untersuche (Youngs zweiter Schritt).

Der zweite sei „Tempelschlaf", eine Phase, in der er nicht ständig über das Problem nachdächte (Youngs dritter Schritt).

Der dritte sei „Erleuchtung", wenn „fröhliche Ideen mühelos und unerwartet kommen, wie eine Inspiration" (Youngs vierter Schritt).

Moshe F. Rubinstein, ein Spezialist für die Lösung wissenschaftlicher Probleme an der University of California, meint, dass es vier verschiedene Stadien der Problemlösung gibt.

Stadium eins: Vorbereitung. Sie gehen die Elemente eines Problems durch und studieren deren Beziehungen zueinander (Youngs erster und zweiter Schritt).

Stadium zwei: Tempelschlaf. Falls Sie das Problem nicht sofort lösen können, sollten Sie es erst einmal überschlafen. In diesem Stadium könnten Sie frustriert sein, weil Sie bisher noch nicht in der Lage waren, eine Antwort zu finden, und Sie nicht wissen, wie Sie jemals eine finden werden (Youngs dritter Schritt).

Stadium drei: Erleuchtung. Sie fühlen einen Funken der Erregung, ein möglicher Lösungsweg taucht plötzlich auf (Youngs vierter Schritt).

Stadium vier: Verifizierung. Sie prüfen die Lösung daraufhin, ob sie auch in der Realität funktioniert (Youngs fünfter Schritt).

In Predator of the Universe: The Human Mind (Jäger des Universums: Das menschliche Bewusstsein) sagt Charles S. Wakefield: „Es ist eine Serie von (fünf) mentalen Stadien, die einen kreativen Akt ausmacht."

Erstens „ist es ein Erkennen des Problems."

Zweitens „kommt es zu einer Definierung des Problems."

Drittens „kommt es zu einer Sättigung des Problems und der damit in Zusammenhang stehenden Daten" (Youngs erster und zweiter Schritt).

Viertens „erfolgt die Periode des Tempelschlafs und eine Phase oberflächlicher Ruhe" (Youngs dritter Schritt).

Fünftens „erfolgt die Explosion – die mentale Einsicht, der plötzliche Sprung über alle Logik hinaus, jenseits aller gewöhnlichen Stufen zu normalen Lösungen" (Youngs vierter Schritt).

Aha, obwohl sich alle im Großen und Ganzen über die einzelnen Schritte einig sind, muss man trotzdem erst einmal eine Idee haben, und keiner spricht viel über die Bedingungen, die Sie erfüllen müssen, um diese Schritte unternehmen zu können. Und wenn die Bedingungen nicht günstig sind, macht es keinen Unterschied, ob Sie die Schritte kennen oder nicht – Sie werden niemals zu den Ideen kommen, derer Sie fähig sind.

Den meisten Menschen klar zu machen, wie sie zu Ideen gelangen, ist ungefähr so schwierig wie einem Tafelklässler zu erklären, x zu finden, wenn x + 1 = 2x + 4 ist, oder einen Menschen mit schwachen Beinen in die Kunst des Hochsprungs einzuführen. Genauso, wie Sie zuerst Algebra beherrschen müssen, um eine Gleichung lösen zu können, und starke Beine brauchen, um Hochspringer zu werden, müssen Sie Ihren Geist gezielt trainieren, bevor Sie eine Idee bekommen können.

Das erste Kapitel dieses Buches versucht, eine Idee zu definieren. Die folgenden acht Kapitel beschäftigen sich damit, wie Sie Ihr Bewusstsein anpassen oder „programmieren". Sie können Sie in beliebiger Reihenfolge lesen.

2. Haben Sie Spaß
3. Werden Sie einfallsreich
4. Stecken Sie sich Ziele
5. Seien Sie mehr Kind
6. Inputs! Inputs! Inputs!
7. Werden Sie mutiger
8. Revidieren Sie Ihre Denkweisen
9. Lernen Sie kreativ zu kombinieren

Aus Notwendigkeit bespreche ich diese Dinge nacheinander. Aber in Ihrem Leben sollten sie alle gleichzeitig und nebeneinander stattfinden. Das Bewusstsein in „Ideenbereitschaft" zu versetzen ist nichts, was man vielleicht eine Zeitlang tut und womit man dann wieder aufhört. Es ist eine lebenslange Beschäftigung, ein Job, den Sie niemals zu Ende bringen, ein Ziel, das Sie nie vollständig erreichen werden.

In Kapitel 10 bis 14 geht es um die Vorgehensweisen, die nötig sind, um Ideen zu bekommen. Dabei sollten Sie die gegebene Reihenfolge einhalten.

Obwohl ich andere Worte benutze, stimme ich im Großen und Ganzen mit Young überein. (Zwei Ausnahmen: Ich füge seinen Schritten einen weiteren hinzu – nämlich die Notwendigkeit der Problemdefinition, und ich kombiniere seinen dritten und vierten Schritt, weil jene beiden für mich nur einen darstellen.)

Für manche mag mein (und Youngs) letzter Schritt nicht Teil des Prozesses zur Ideengewinnung sein, aber er ist es, da eine Idee keine Idee ist, solange sie in der Wirklichkeit keine bewusste Anwendung erfährt.

10. Definieren Sie das Problem
11. Sammeln Sie Informationen
12. Suchen Sie nach der Idee
13. Denken Sie nicht mehr daran
14. Setzen Sie die Idee in die Praxis um

Bevor wir beginnen, müssen wir auf jeden Fall eine Frage stellen – und eine Antwort bekommen.

1. WAS IST EINE IDEE

Ich kenne die Antwort. Die Antwort liegt im Herzen der ganzen Menschheit. Was, die Antwort ist zwölf? Hm, ich bin wohl im falschen Gebäude.　　　　CHARLES SCHULTZ

Ich war erfreut, schnell antworten zu können, und ich tat es auch. Ich sagte, dass ich es nicht wüsste.　　MARK TWAIN

Bevor wir darauf zu sprechen kommen, wie man Ideen gewinnt, müssen wir zuerst einmal vereinbaren, was wir unter dem Begriff „Idee" eigentlich verstehen, denn, solange wir keine konkrete Begriffsbezeichnung erarbeitet haben, werden wir verdammte Schwierigkeiten haben, herauszufinden, wie wir mehr davon bekommen können.

Die einzige Schwierigkeit ist: Wie definiert man eine Idee?

A. E. Houseman meinte einmal: „Ich kann Poesie um kein Quäntchen besser definieren als ein Terrier eine Ratte, doch wir erkennen beide das Objekt an den Symptomen, die es in uns wachruft." Mit der Schönheit verhält es sich ähnlich. So auch mit „Qualität" ... und in der Liebe.

Und natürlich, mit der „Idee" ist das kaum anders. Wenn eine im Raum steht, wissen wir es, wir fühlen es; etwas in uns drinnen sagt uns, dass sie da ist. Allerdings versuchen Sie einmal, eine vollständig zu definieren.

Schlagen Sie in Wörterbüchern nach, und Sie finden alles von: „das, was in den Gedanken – potenziell oder wirklich – als Produkt geistiger Aktivität, wie Gedanken oder Wissen, existiert" über „die höchste Kategorie: das vollständige und letzte Produkt der Vernunft" bis zu „eine transzendentale Einheit, die ein reales Muster darstellt, von dem bereits bestehende Dinge eine unvollkommene Darstellung sind".

Jetzt sind Sie wahrscheinlich auch nicht klüger als zuvor.

Diese Mühsal verbalisiert Marvin Minsky in seinem Buch The Socie-ty of Mind (Mentopolis) treffend:

„Nur in der Logik und in der Mathematik können Konzepte vollstän-dig definiert werden ... Sie können wissen, was ein Tiger ist, ohne es zu definieren. Sie mögen einen Tiger definieren können, doch kaum etwas über ihn wissen."

Wenn Sie andere Menschen um eine Definition bitten, erhalten Sie zu-meist brauchbarere Antworten, Antworten, die sowohl dem Konzept als auch der Sache selbst ziemlich nahe kommen.

Hier folgen ein paar Antworten, die ich von Mitarbeitern und von meinen Studenten an der University of Southern California in Los An-geles erhalten habe:

- Häufig erscheint eine Idee so klar, dass man sich durchaus wun-dern mag, warum man da eigentlich nicht schon längst selbst draufgekommen ist.

- Eine Idee umfasst alle Aspekte einer Situation und vereinfacht sie. Sie verknüpft alle losen Enden zu einem sauberen Knoten. Diesen Knoten nennt man Idee.

- Eine Idee ist eine sofort begreifbare Darstellung von etwas, das in einer anderen Form bereits bekannt ist oder akzeptiert wird, aber durch eine ungewöhnliche, einzigartige oder unerwartete Methode vermittelt wird.

- Etwas Neues, das einen Augenblick zuvor noch außerhalb des Blickfeldes lag.

- Es ist dieser Blitz der Einsicht, der die Dinge in einem völlig neuen Licht erscheinen lässt, einem Licht, das zwei scheinbar verschiedene Gedanken zu einem neuen Konzept vereint.

- Eine Idee verschmilzt komplexe Zusammenhänge zu etwas verblüffend Einfachem.

Mir scheint, dass diese Definitionen (eigentlich sind es mehr Beschreibungen als Definitionen – aber wie auch immer, sie bringen das Wesentliche recht brauchbar auf den Punkt) ein besseres Verständnis für dieses schwer begreifbare Phänomen namens „Idee" ermöglichen, weil sie von Synthese und Problemen, von Einsichten und Offensichtlichkeit sprechen.

Die Definition, die mir trotzdem die liebste ist, ist diejenige, die die Basis für dieses Buch bildet – sie ist von James Webb Young:

Eine Idee ist nicht mehr oder weniger
als eine neue Kombination alter Elemente.

Aus zwei Gründen mag ich diese Definition sehr gerne.

Erstens instruiert sie auf praktische Weise, wie man zu Ideen kommt, da sie aussagt, dass eine Idee mit der Kreation eines Rezepts für eine neue Speise vergleichbar ist. Man muss ganz einfach ein paar altbekannte Zutaten neuartig kombinieren. Völlig einfach das Ganze.

Das ist nicht nur einfach, man muss nicht einmal ein Genie sein, um es zu vollbringen. Man muss auch kein Raketenforscher, Nobelpreisträger, weltberühmter Artist, viel gepriesener Dichter, Tausendsassa aus der Werbebranche, Gewinner des Pulitzerpreises oder Spitzenerfinder sein.

„Meiner Meinung nach", schrieb J. Bronowski, „ist es falsch zu glauben, dass Kreativität etwas Ungewöhnliches ist."

Ganz gewöhnliche Menschen haben tagtäglich gute Ideen. Jeden Tag erfinden und entdecken sie neue Dinge. Jeden Tag ertüfteln sie neue Möglichkeiten, um Autos, Waschbecken und Türen zu reparieren, ein Abendessen vorzubereiten, den Verkaufsumsatz zu steigern, Geld zu sparen, ihre Kinder zu unterrichten, Kosten zu reduzieren, die Produktion zu steigern, Angebote und Mitteilungen zu schreiben, Dinge besser oder einfacher oder billiger zu machen – eine Aufzählung, die sich endlos fortsetzen ließe.

Zweitens mag ich die Definition, weil sie sich auf das konzentriert, von dem ich glaube, dass es der wahre Schlüssel zur Ideengewinnung ist – nämlich Dinge und Sachverhalte zu kombinieren. Wirklich, alles was ich jemals über Ideen gelesen habe, handelt von Kombination, Verbindung, Nebeneinanderstellung, Synthese oder Vereinigung.

„Es liegt auf der Hand", schrieb Hadamard, „dass Erfindungen oder Entdeckungen, egal ob in der Mathematik oder sonst wo, durch die Kombination von Ideen geschehen ... Das lateinische Wort cogito, für ‚ich denke', bedeutet etymologisch ‚zusammenschütteln'. Der heilige Augustinus hat dies schon erkannt, und er bemerkte, dass intelligo ‚auswählen unter' bedeutet."

„Wenn das Bewusstsein eines Dichters perfekt für seine Arbeit ausgerüstet ist", schrieb T. S. Eliot, „verschmilzt es unablässig gegensätzliche Erfahrungen. Die des gewöhnlichen Menschen sind chaotisch, regellos, fragmentarisch. Letzterer verliebt sich oder liest Spinoza, und diese beiden Erfahrungen haben nichts miteinander – oder mit dem Lärm der Schreibmaschine oder dem Küchendunst zu tun; im Bewusstsein des Dichters formen sich solche Erfahrungen zu einem neuen Ganzen."

„Ein Mensch wird kreativ", schrieb J. Bronowski, „ob er nun Künstler oder Wissenschaftler ist, wenn er eine neue Einheit in der Vielfalt der Natur findet. Das macht er, indem er eine Ähnlichkeit bei Dingen findet, die ihm bislang unvereinbar erschienen sind ... Der kreative Geist ist ein Geist, der nach unvermuteten Ähnlichkeiten Ausschau hält."

Oder nehmen wir Robert Frost: „Was ist eine Idee? Wenn Sie sich nur eine Aussage von mir merken, dann merken Sie sich, dass eine Idee ein Meisterstück der Assoziation ist."

Oder Francis H. Cartier: „Es gibt nur einen Weg, wie jemand zu einer neuen Idee kommt: durch die Verbindung oder Verknüpfung von zwei oder mehreren bereits geläufigen und bekannten Ideen zu einer neuen Kombination, so dass nun ein völlig neuartiger Zusammenhang offensichtlich wird, dessen man sich vorher nicht bewusst war."

Und Arthur Koestler schrieb ein ganzes Buch mit dem Titel The Act of Creation (Der kreative Akt), das auf „der These aufbaut, dass kreative Originalität nicht bedeutet, dass man eine Reihe von Ideen aus dem Nichts kreiert oder ins Leben ruft, sondern eher aus einer Kombination von wohlbekannten Gedankenmustern – durch einen Prozess der wechselseitigen Befruchtung."

Koestler nennt diesen Prozess „Bisoziation".

„Der kreative Akt", erklärt er „enthüllt, wählt aus, bildet um, kombiniert, synthetisiert bereits existierende Fakten, Ideen, Fähigkeiten und Kenntnisse."

„Meisterstücke der Assoziation", „unvermutete Ähnlichkeiten", „neue Ganzheiten", „zusammenschütteln" und dann „daraus auswählen", „neue Kombinationen", „Bisoziationen" – und was es sonst noch an Umschreibungen gibt, all diese Definitionen beinhalten ziemlich genau das, was James Webb Young gesagt hat:

Eine Idee ist
nicht mehr und
nicht weniger
als eine neue
Kombination von
alten Elementen.

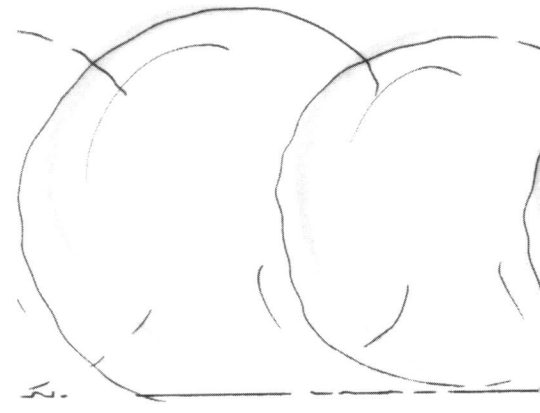

2. HABEN SIE SPASS

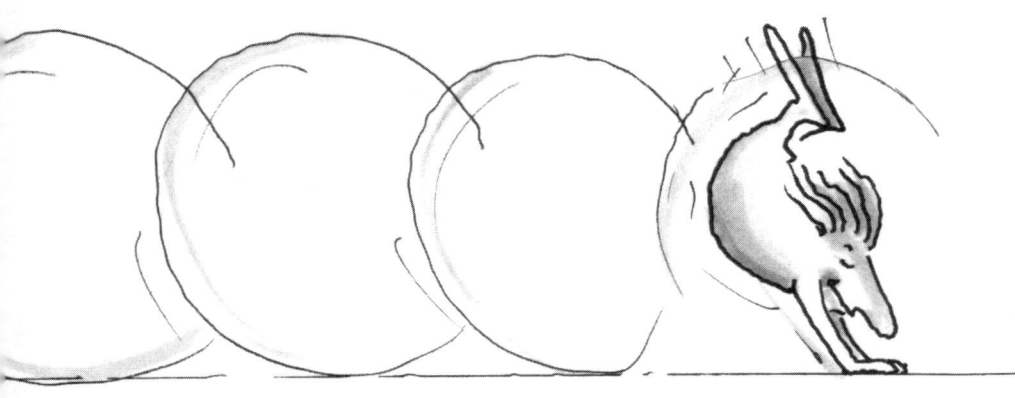

Wer lacht, hält durch. MARY PETTIBONE POOLE

Manchmal wenn ich Goethe lese, habe ich den leisen Verdacht, dass er versucht, komisch zu sein. GUY DAVENPORT

Ernsthaftigkeit ist der einzige Zufluchtsort eines oberflächlichen Menschen. OSCAR WILDE

€s ist kein Zufall, dass ich „Spaß haben" als ersten Schritt nenne, um Ihr Bewusstsein für Ideen bereit zu machen. Meiner Erfahrung nach mag das sogar der wichtigste überhaupt sein.

Hier sind meine Gründe:

Gewöhnlicherweise arbeiten in den Kreativabteilungen der Werbeagenturen jeweils ein Texter und ein Art Director gemeinsam im Team an einem Projekt. In manchen Abteilungen, darunter auch in einigen, denen ich vorstand, arbeiten drei oder vier Teams am selben Projekt.

Arbeiteten mehrere Teams parallel an einem Projekt, so wusste ich immer, welches davon mit den besten Ideen, Konzepten, Werbefilmen fürs Fernsehen, Reklametafeln etc. „antanzen" würde.

Immer war es das Team, in dem es am lustigsten zuging.

Die mit dem finsteren Blick und der gerunzelten Stirn brachten kaum Brauchbares zustande.

Diejenigen, die sehr viel lächelten und lachten, schon.

Waren sie vergnügt, weil sie neue Ideen hatten? Oder hatten sie neue Ideen, weil sie vergnügt waren? Natürlich trifft das Letztere zu. Da gibt es keinen Zweifel.

Nun wissen Sie sicherlich, dass dieser Umstand auf alles andere im Leben auch zutrifft – Menschen, denen das, was sie tun, Freude bereitet, machen es einfach besser. Also warum sollte das bei Menschen, die Ideen haben sollten, nicht genauso sein?

„Machen Sie sich die Arbeit in Ihrer Agentur zum Vergnügen", sagte David Ogilvy, der Leiter einer Werbeagentur. „Wenn die Leute keinen Spaß bei der Arbeit haben, werden sie kaum eine gute Werbung machen."

David Ogilvy hätte diese Aussage nicht auf Mitarbeiter einer Werbeagentur beschränken müssen. Dasselbe trifft auf jeden zu, dessen Arbeit besonders „ideenabhängig" ist.

Mir ist schon klar, dass die kreativen Bemühungen in der Werbebranche nicht gerade von übermäßiger Bedeutung sind, und sie könnten es als Torheit ansehen, die Erfahrungen, die man dort macht, auf „gewichtigere" Beschäftigungen zu übertragen. Doch auch Menschen aus völlig anderen Branchen kommen zum selben Schluss, was die Notwendigkeit von Spaß am Arbeitsplatz anbelangt.

„Ernsthafte Menschen haben selten Ideen", sagte Paul Valéry. „Menschen mit Ideen sind niemals ernsthaft."

Tatsächlich sollte es keineswegs überraschen, dass Humor und sämtliche Spielarten der Kreativität so etwas wie „nahe Verwandte" sind.

Im Grunde ist, wie Arthur Koestler herausstreicht, die Basis von Humor auch die Basis für Kreativität – die unerwartete Verbindung von unähnlichen Elementen, die zur Entstehung einer „neuen" Ganzheit führt, die eine aktuelle Aussage besitzt; die plötzliche, unvermutete Linkskurve einer Straße, von der Sie glaubten, dass sie gerade verläuft; eine „Bisoziation", zwei Koordinatensysteme, die aufeinander prallen.

Sehen wir uns an, wie das mit dem Humor funktioniert:

„Nancy Reagan stürzte und raufte sich die Haare", sagte Johnny Carson.

„Wie kann ich an Gott glauben", fragte Woody Allen, „wo sich doch gerade letzte Woche meine Zunge in der Schreibwalze einer elektrischen Schreibmaschine verfangen hat?"

„Weder mag das Rennen an den Schnellen gehen, noch der Sieg an den Starken", sagte Damon Runyon, „aber es ist einfach unsere Art zu wetten."

„‚Halt die Klappe‘, argumentierte er", schrieb Ring Lardner.

In jedem Fall schlägt Ihr Bewusstsein eine bestimmte Richtung ein, und plötzlich werden Sie gezwungen, sie zu ändern, und – welch Wunder! – diese neue, unerwartete Richtung ist völlig logisch. Etwas Neues ist entstanden, etwas, das im Nachhinein völlig klar erscheint.

Aha, genauso verhält es sich mit einer „Idee". Eine neuartige Verbindung von zwei „alten Elementen", um eine neue Ganzheit zu kreieren, die Sinn macht. Koestler beschreibt es als „zwei Matrizen von Gedanken", die sich an einem Schnittpunkt treffen.

Gutenberg kombinierte eine Münzlochstanze mit einer Weinpresse. Das Ergebnis? Die Druckerpresse.

Dali mischte Träume mit bildender Kunst und schuf den Surrealismus.

Irgendjemand kombinierte Feuer mit Nahrungsmitteln, und das Kochen war erfunden.

Newton brachte den Faktor Zeit mit dem Fall des Apfels in Verbindung und konnte damit die Erdbeschleunigung ermitteln.

Darwin beobachtete natürliche Katastrophen in Zusammenhang mit der Vermehrung von Arten und entdeckte das Phänomen der natürlichen Selektion.

Hutchins verband eine Uhr und eine Klingel und erhielt einen Wecker.

Lipman kombinierte einen Bleistift mit einem Radiergummi und hatte damit den Bleistift-mit-Radiergummi erfunden.

Irgendjemand verband einen Lappen mit einem Besenstiel und bekam einen Mopp.

Ich hatte einmal ein Bewerbungsgespräch bei einer Werbeagentur in Chicago. Sobald ich die Firma betrat, wusste ich, dass hier ein guter Arbeitsplatz ist, ein Ort, an dem die Ideen förmlich von der Decke springen würden. Als ich aus dem Aufzug ausstieg, sah ich an der Wand einen sehr förmlich gestalteten „gerahmten" Anschlag:

IM NOTFALL

1. Schnappen Sie Ihren Mantel
2. Nehmen Sie Ihren Hut
3. Lassen Sie Ihre Sorgen am Ausgang zurück
4. Lenken Sie Ihre Füße zur sonnigen Straßenseite

Da hingen sie gerahmt an der Wand – „zwei Matrizen von Gedanken", die sich treffen, zwei Koordinatensysteme, die aufeinander prallen. Humor und Kreativität. Es ist schwierig, das eine ohne das andere zu haben. Das Gleiche trifft auf Spaß und Ideen zu. Genauso auf Freude und Leistung.

Lassen Sie mich eine Geschichte erzählen:

Als ich in der Werbebranche begann, kleideten sich die Texter und Art Directors genau wie alle anderen Geschäftsleute – die Männer trugen Anzüge und Krawatten; die Frauen Kleider oder Kostüme.

In den späten 60er-Jahren änderte sich das grundlegend. Die Menschen begannen Sweaters, Bluejeans, T-Shirts und Tennisschuhe zu tragen. Ich leitete damals eine Kreativabteilung, und die Los Angeles Times fragte mich bei einem Interview, was ich über Menschen denke, die derart gekleidet zur Arbeit erscheinen. „Es wäre mir auch egal, wenn sie bei der Arbeit ihren Pyjama tragen", sagte ich, „solange sie ihre Arbeit machen."

Natürlich kamen einen Tag, nachdem der Artikel erschienen war (mit meinem Zitat), alle Mitarbeiter meiner Abteilung in Pyjamas. Es war irrsinnig lustig. Das Büro bebte vor Lachen und Freude.

Ich muss betonen, dass sich dieser Tag sowie die darauf folgenden Wochen als die produktivste Periode herausstellten, die die Abteilung jemals erlebt hat. Die Menschen hatten Spaß und arbeiteten daher effektiver.

Beachten Sie wieder die Verbindung von Ursache und Wirkung: Zuerst kommt der Spaß, danach die bessere Arbeitsleistung. Spaß zu haben ermöglicht die Entfaltung von Kreativität. Spaß ist eines der Samenkörner, das Sie aussäen, um Ideen zu bekommen.

Als wir das realisierten, säten wir mehr dieser Samenkörner, um das Arbeiten lustig zu gestalten. Vielleicht lassen sich ein paar dieser Vorschläge auch an Ihrem Arbeitsplatz umsetzen, oder Sie zünden eine Idee, die bei Ihnen funktionieren wird.

Treffen im Park: Unser Bürogebäude war gegenüber von einem Park. Ungefähr einmal im Monat hielten wir dort eine Abteilungsbesprechung ab. (Es ist erstaunlich, wie allein das Verlassen des Büros die Kameradschaft und Produktivität verbesserte.)

Familientag: Einmal im Jahr kamen die Kinder, um zu sehen, wo Mama und Papa arbeiten.

Darts: Wir montierten eine Darts-Scheibe in unserem Konferenzzimmer und spielten eine Partie, sobald wir eine Pause nötig hatten.

Wer ist das?: Die Mitarbeiter brachten Fotos von sich mit, und zwar Babyfotos. Wir befestigten alle auf einer Wand, nummerierten sie, und jeder versuchte zu erraten, wer denn nun wer sei. Die Person mit den meisten richtigen Treffern gewann einen Preis.

Süßes/hässliches Baby: Genau wie vorher, nur stimmten wir ab, welches Baby das süßeste und welches das hässlichste sei. Natürlich gab es auch dafür Preise.

Kunst- und Handwerksbasar: Die Mitarbeiter verkauften Gegenstände (manche stellten sie auch nur aus), die sie oder ihre Familien zu Hause angefertigt hatten.

Ganghockey: Während der Mittagspause spielten wir manchmal in den Gängen Hockey. Wir benutzten richtige Hockeyschläger, jedoch Papierknäuel als Puck.

Kinderkunst: Eltern brachten die Kunstwerke ihrer Kinder mit, beschrifteten sie und hängten sie in der Eingangshalle auf.

Chili-Wettbewerb: Die Köche in unserer Abteilung brachten Töpfe mit Chili mit; wir kosteten und bestimmten einen Gewinner.

„In-Schale-werf-Tag": Ab und zu erschienen wir alle in „Galauniform".

Mittagsschmaus: Jeder brachte irgendetwas Essbares mit, wir setzten uns alle in den Gängen zusammen und aßen gemeinsam zu Mittag.

„Wenn etwas keinen Spaß macht, warum es überhaupt machen?", meinte Jerry Greenfield von Ben & Jerry's Ice Cream.

Tom J. Peters stimmt zu: „Regel Nummer eins im Geschäftsleben ist, dass es nicht langweilig oder stumpf zugehen sollte", schrieb er. „Es sollte spaßig sein. Ist dem nicht so, verschwenden Sie Ihr Leben."

Verschwenden Sie Ihr Leben nicht! Haben Sie Spaß. Und gar nicht so zufällig werden Sie dabei ein paar Ideen haben.

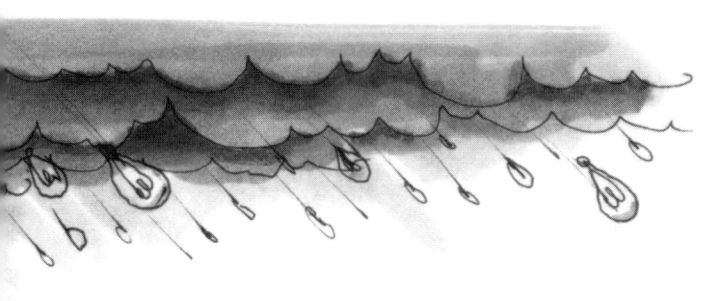

3. WERDEN SIE EINFALLSREICH

Dieser Zeitgenosse scheint mir nur eine Idee zu haben, und noch
dazu eine falsche.   SAMUEL JOHNSON

Jeder ist zumindest einmal jährlich ein Genie; ein wahrhaftes Genie
hat seine einzigartigen Ideen in kürzeren Zeitabständen.
                                        G. C. LICHTENBERG

Man kann einige Minuten ohne Luft leben, ohne Wasser ungefähr
zwei Wochen, ohne Nahrung ungefähr zwei Monate – und ohne neue
Gedanken endlose Jahre.   KENT RUTH

Auch heute noch versteht niemand, wie ein Gehirn – ein physisches Ding – eine Idee produzieren kann – etwas, das nicht physisch ist.

Wir wissen einzig und allein, dass es geschieht. Vielleicht geschieht Ihnen das weniger häufig als anderen Menschen, aber da dieses Phänomen Idee bei Ihnen auch schon einige Male aufgetreten ist, wissen wir, dass es keinen physischen Mangel gibt – zum Beispiel keine genetischen Mutationen in Ihrem Gehirn, die Sie daran hindern, Ideen zu bekommen. Sie können sie bekommen. Das ist erwiesen.

Wir müssen lediglich herausfinden, warum Sie zu wenige davon haben, und anschließend untersuchen, wie Sie zu mehr Ideen kommen können.

Als ich ein Kind war, war einer meiner Freunde ein Junge namens Johnny-Boy Boyd. JB war ein Klotz. Unfälle schienen einfach immer ihm zu passieren; und geriet nicht er in einen Unfall, so „kam der Unfall zu ihm".

Heute würden Psychologen sagen, dass JB unterbewusst diese Unfälle herbeiführte, dass das seine Art war, Aufmerksamkeit zu erheischen.

Damals nannten wir ihn schlicht „unfallanfällig" und beließen es dabei.

Als Erwachsener verbrachte ich meine Zeit mit Menschen, die „ideenanfällig" waren. Ideen schienen ihnen ganz einfach zu „passieren", ähnlich wie JBs Unfälle „passierten". Und die Psychologen würden wahrscheinlich dasselbe über jene Menschen bemerken wie über JB – dass sie unterbewusst diese Dinge geschehen lassen, dass das ihre Art sei, Aufmerksamkeit zu erlangen.

Vielleicht. Aber ich glaube, dass da noch mehr dran ist.

James Webb Young zitiert Pareto, der der Ansicht war, dass es zwei Hauptgruppen von Menschen gibt, nämlich erstens die der „Grübler" und zweitens die der „Rentiers".

Der Grübler ist laut Pareto permanent mit den Möglichkeiten neuer Kombinationen beschäftigt. Das ist der Typus, der, wie Young es ausdrückt, „alle Personen aus jedem Bereich mit einschließt, die ... nie wirklich die Finger von etwas lassen und dann überlegen, wie sie etwas daran ändern könnten."

Hingegen beschreibt der Typus des Rentiers „mechanische, stur geradeaus marschierende, phantasielose, konservative Menschen, die der Grübler manipuliert."

Young stimmt mit Pareto überein, dass diese zwei Typen existieren, und folgert daraus, „dass es eine große Anzahl von Menschen gibt, für die es niemals eine passende Technik geben wird, damit sie mehr Ideen produzieren."

Ich stimme mit diesem Schluss nicht überein.

Ich glaube nicht, dass die „ideenanfälligen" Leute unter meinen Bekannten und Freunden mit einem besonderen Talent zur Ideenschöpfung oder einer einzigartigen Denkweise, die sie zu neuen Wegen führt, oder einem laserähnlichen Scharfblick geboren wurden, so dass sie Ordnungen, neue Beziehungen und Zusammenhänge erkennen, wo andere nichts als Chaos zu sehen vermögen.

Der Sachverhalt, der den Unterschied ausmacht, ist folgender:

Diejenigen, die vor Ideen sprudeln, wissen, dass Ideen existieren, und wissen, dass sie diese Ideen finden werden; diejenigen, die keine Ideen haben, wissen nicht, dass Ideen existieren, und wissen daher auch nicht, dass sie diese Ideen finden werden.

Lassen Sie es mich nochmals wiederholen:

Menschen, die vor Ideen sprudeln, wissen, dass Ideen existieren, und wissen, dass sie diese Ideen finden werden; jene, die keine Ideen haben, wissen nicht, dass Ideen existieren, und wissen daher auch nicht, dass sie diese Ideen finden werden.

NEHMEN SIE ZUR KENNTNIS, DASS IDEEN EXISTIEREN

Als ich zu unterrichten begann, erzählte ich meinen Studenten, dass es für jedes Problem eine Lösung, eine Antwort, eine Idee gibt.

Ich habe mich geirrt.

Ich weiß heute, dass es Hunderte von Lösungen, Hunderte von Antworten und Hunderte von Ideen gibt.

Vielleicht sogar Tausende. Und wirklich, vielleicht unendlich viele.

Es gibt etliche Beispiele, die das verdeutlichen:

Seit dem Jahr 1940 (bis zu dem Zeitpunkt, wo man das zuletzt überprüft hat, denke ich) wurden in den USA 94 Patente für Rasierbecher ausgestellt. Du lieber Himmel, Rasierbecher!

Es gibt über 1200 unterschiedliche Arten von Stacheldraht.

Genug Kochbücher wurden allein in den USA publiziert, um eine kleine Bibliothek zu füllen.

Oder lassen Sie sich einfach durch den Kopf gehen, was der Journalist Lincoln Steffens im Jahre 1931 schrieb:

Nichts ist vollendet. Alles in der Welt bleibt bestehen, um gemacht und abermals gemacht zu werden.

Das großartigste Gemälde wurde noch nicht gemalt, das großartigste Theaterstück wurde noch nicht geschrieben, das großartigste Gedicht noch nicht rezitiert. Es gibt auf der ganzen Welt keine perfekte Eisenbahn, keine gute Regierung, kein fehlerfreies Gesetz. Physik, Mathematik und vor allem die fortgeschrittensten und exaktesten Wissenschaften wurden auf fundamentalste Weise revidiert. Chemie wird eben erst zu einer Wissenschaft; Psychologie, Wirtschaft und Soziologie warten auf einen Darwin, dessen Arbeit wiederum auf einen Einstein wartet. Wenn man den „Hurra-Jungen" auf unseren Universitäten all dies mitteilen würde, wären sie vielleicht nicht alle Spezialisten beim Football, bei Partys und erschummelten Zeugnissen. Es wird ihnen allerdings nicht gesagt; es wird von ihnen verlangt zu lernen, was bekannt ist. Und das ist gar nichts.

Jedes Wort, das er geschrieben hat, stimmt heute noch genauso wie im Jahr 1931. Nichts ist vollendet. Alles wartet darauf, dass Sie etwas tun.

Lassen Sie mich eine Geschichte erzählen:

Mehr als 20 Jahre arbeitete ich in einer Agentur, die die Werbung für Smokey Bear machte. Das Erste, was die Texter und Art Directors jedes Jahr entwerfen mussten, war ein Poster.

Die Vorgaben für das Poster waren jedes Mal dieselben: Es musste eine bestimmte Form und Größe haben; Smokey musste darauf sein; es musste einfach genug sein, um schon bei einem flüchtigen Blick die Aufmerksamkeit zu erregen, und einleuchtend genug, um auch vom größten Dummkopf verstanden werden zu können. Falls dieses Poster auch einen Text beinhaltete, so musste er dermaßen kompakt sein, dass die Aussage binnen drei oder vier Sekunden aufgenommen werden konnte.

Ebenso blieb die Zielsetzung des Posters Jahr für Jahr unverändert: Das Plakat sollte die Menschen daran erinnern, mit Feuer achtsam umzugehen.

Mit anderen Worten, wir mussten jedes Jahr mit der gleichen Sache kommen, nur eben ein wenig anders.

Und das taten wir. Tatsächlich hatten wir jedes Jahr 20 oder 30 verschiedene Ideen für das Poster. Jedes Jahr. Mehr als 20 Jahre lang. Weit über 500 Poster, die alle Smokey abbildeten und bei gleicher Grundaussage doch alle ein unterschiedliches Aussehen hatten.

Soweit ich informiert bin, arbeiten die Texter und Art Directors in jener Agentur nach wie vor mit den beschriebenen Vorgaben und folgen denselben inhaltlichen Zielsetzungen wie bei der Erstellung des ersten Smokey-Posters – und ihr Ideenfluss ist bis heute nicht versiegt.

Also erzählen Sie mir nicht, es gäbe nur einen oder zwei Wege, ein Problem zu lösen. Ich weiß, dass es sich anders verhält.

Dazu fällt mir noch eine andere Geschichte ein, die mir ein Freund erzählt hat:

Ich leitete vor einiger Zeit ein dreitägiges Werbeseminar in Chicago. Eine der Aufgaben, die ich allen Studenten stellte, war, über Nacht eine Werbewand für ein Schweizer Armeemesser zu entwerfen. Die meisten Studenten kamen am nächsten Morgen mit dem gewünschten Entwurf, doch einige von ihnen sagten, sie hätten stundenlang daran gesessen und nichts wäre ihnen eingefallen. Dasselbe geschah auch in den folgenden drei Jahren.

Im vierten Jahr ging ich anders vor. Ich verlangte nicht mehr einen Entwurf für diese Reklametafel, sondern mindestens zehn von jedem Studenten. Und außerdem mussten sie die Entwürfe nicht einen Tag darauf, sondern noch am selben Nachmittag bringen.

Nach der Mittagspause hatte jeder von ihnen mindestens zehn Ideen. Viele hatten sogar weit mehr. Ein Student brachte sogar 25 Vorschläge.

Und da dämmerte mir Folgendes: Werden Menschen mit einem Problem konfrontiert, so suchen die meisten nach „der einzig richtigen Lösung", weil sie das so gelernt haben. Ihr ganzes Schulleben hindurch mussten sie Multiple-Choice- und „Richtig oder falsch"-Fragen lösen, bei denen nur eine Antwort die richtige war. Daher nehmen sie an, dass alle Fragen und Probleme genauso sind. Und wenn sie keine Lösung finden, die ihnen perfekt erscheint, werfen sie das Handtuch.

Doch die meisten realen Probleme sind nicht wie Prüfungsfragen in der Schule konstruiert. Zumeist gibt es viele Lösungsmöglichkeiten. Und sobald ich meine Studenten dazu brachte, diese Tatsache zu berücksichtigen, fanden sie zahlreiche Lösungen.

Haben Sie das gehört? Sobald seine Studenten erkannten, dass es viele Lösungsmöglichkeiten gibt, fanden sie diese Lösungen.

„Denken Sie immer, dass das, was Sie zu tun haben, einfach ist, und es wird einfach werden", sagte Émile Coué.

Wenn Sie nicht sicher sind, ob es eine Antwort gibt, ist es sehr schwierig, sie zu finden. Wenn Sie wissen, dass es viele Antworten gibt, ist es leicht, eine oder zwei zu finden.

Dr. Norbert Wiener bemerkte dasselbe: „Wenn ein Wissenschaftler ein Problem angeht, von dem er weiß, dass eine Lösung dazu existiert, verändert sich seine Gesamteinstellung dazu. Damit ist er seiner Antwort schon um ungefähr 50 Prozent näher gekommen."

Arthur Koestler stimmte zu: „Allein die Gewissheit, dass ein Problem lösbar ist, bedeutet, dass das Spiel schon halb gewonnen ist."

Das ist einer der Gründe, warum manche Leute fortwährend Ideen zu bekommen scheinen – sie haben die felsenfeste Gewissheit, dass Ideen existieren.

Eines Tages arbeitete ich mit Larry Corby, dem Illustrator dieses Buches, in meinem Büro, und wir versuchten, eine Fernsehwerbung für ein Kinderspielzeug zu konzipieren.

„Schließ' die Tür", sagte er.

„Warum?"

„In diesem Raum befinden sich mehrere Ideen, und ich möchte nicht, dass sie entwischen."

Das war kein Scherz. Er war tatsächlich der Meinung, dass die gesuchten Ideen physisch in meinem Bürozimmer anwesend waren. Und da er felsenfest davon überzeugt war, fand er fünf Minuten später einige von ihnen.

Joseph Heller glaubte an die gleiche Sache. „Ich fühle, dass diese Ideen in der Luft umherschwirren und mich aussuchen, um sich niederzulassen", sagte er.

Und auch Edison dachte so. Er glaubte – nein, er wusste –, dass Ideen „in der Luft sind". Wenn er sie nicht gefunden hätte, hätte sie jemand anderer gefunden. Ist es noch verwunderlich, dass er so viele gefunden hat?

Es gibt immer eine weitere Idee, immer eine weitere Lösung.

Akzeptieren Sie das.

SEIEN SIE ÜBERZEUGT, DASS SIE DIESE IDEEN FINDEN WERDEN!

Jetzt wissen Sie (so hoffe ich zumindest), dass es Hunderte Lösungen für Ihre Probleme gibt, dass es vor Ideen wimmelt. Okay, also warum finden Sie sie nicht?

Überdenken Sie folgende Situationen:

1. Sie haben das schon hundertmal erlebt: Irgendein Golfspieler, von dem Sie noch nie gehört haben, liegt nach dem ersten Tag bei einem großen Turnier an der Spitze. Die Zeitungen sind voll von Geschichten über ihn. Jeder spricht über ihn. Er ist der neue Palmer, der neue Nicklaus. Am nächsten Tag schießt der arme Typ achtmal daneben, trifft den Ball nicht und verschwindet von der Bildfläche. Was ist geschehen?

2. Eines Tages drehte ich im Los-Angeles-Forum einen Werbespot. Am anderen Ende des Stadions übte der Spitzen-Basketballer Wilt Chamberlain Freiwürfe. Um ihn herum waren ein paar Kinder, die ihm immer wieder den Ball zuwarfen. Während ich ihn beobachtete, machte er über 100 Freiwürfe und verfehlte dabei nur dreimal den Korb. Zack, zack, zack! Es war beeindruckend. Als er in derselben Nacht ein Spiel bestritt, verhaute er acht von zwölf Freiwürfen von der Linie weg.
Was ist geschehen?

3. Sie müssen eine Rede in einer anderen Stadt halten und sind ziemlich gelassen. Sie kennen das Thema, Sie wissen, was Sie sagen wollen, Sie wissen auch, wie Sie es sagen wollen. Eine Kleinigkeit. Sie üben die Rede vor dem Spiegel. Perfekt. Jedoch bei Ihrem Auftritt wissen Sie rein gar nichts mehr, die Rede wird ein Desaster. Was ist geschehen?

Sie wissen, was geschehen ist.

Es gibt viele Möglichkeiten der Formulierung, tatsächlich haben Sie und Wilt und der vergessene Golfspieler – wissentlich oder nicht – alle an sich gezweifelt. Und der Rest ist Geschichte.

Der Golfspieler am ersten Tag und Wilt auf dem Übungsplatz und Sie in Ihrem Hotelzimmer fühlten sich alle wohl und waren mit ihren Leistungen zufrieden.

Aber später begannen sie sich zu fragen, ob sie wirklich so gut sind, wie sie annahmen. Ihre Leistungen im Golfkurs und am Übungsplatz und im Hotelzimmer waren qualitativ besser als die Leistung, die sie sich aufgrund ihres konstruierten Selbstbildes zutrauten.

Als Folge senkten Körper und Bewusstsein ihr Leistungsniveau soweit, bis ihre realen Leistungen vom Niveau her wieder ihrem minderwertigen Selbstbild entsprachen.

Und weder immense Willensstärke noch Versuche oder Übung oder beste Absichten sind in der Lage, Ihre Leistung wieder so gut wie damals werden zu lassen.

Das rührt daher, dass Ihr Selbstbild bestimmt, was Sie sind und was Sie leisten. Nicht Versuche oder Ihr Wille. Selbstbild. Und die einzige

Möglichkeit, Ihre Leistungen bedeutend zu steigern, ist, Ihr Selbstbild zu verbessern.

Also, wenn Sie einfallsreich werden wollen, müssen Sie zwei Tatsachen akzeptieren.

Erstens müssen Sie akzeptieren, dass das, was Sie über sich denken, der bei weitem wichtigste Faktor Ihres Erfolges ist.

Ihre Persönlichkeit, Ihre Handlungen, die Art und Weise, wie Sie mit anderen auskommen, wie Sie sich bei der Arbeit anstellen, Ihre Gefühle, das, woran Sie glauben, Ihre Hingabe, Ihre Ambitionen, sogar Ihre Talente und Fähigkeiten sind von Ihrem Selbstbild betroffen – nein, sie werden dadurch gesteuert und kontrolliert.

Sie benehmen sich wie die Art von Mensch, die Sie glauben zu sein. So einfach ist das.

Da bleibt keine Frage offen.

Wenn Sie sich als Versager sehen, werden Sie höchstwahrscheinlich versagen. Wenn Sie sich erfolgreich sehen, werden Sie wahrscheinlich Erfolg haben.

Wie sonst können Sie sich erklären, dass offensichtlich begabte Menschen dennoch oft scheitern, während offensichtlich benachteiligte Menschen erfolgreich sind?

„All das können Sie tun, weil Sie denken, dass Sie es können", sagte Virgil, und diese fundamentale Feststellung der zentralen Bedeutung des Selbstbildes gilt heute noch genauso wie vor 2000 Jahren.

Henry Ford stimmte zu: „Ob Sie nun der Meinung sind, dass Sie es können oder nicht können, Sie haben auf alle Fälle Recht."

Kurz gesagt: Einstellung ist wichtiger als Tatsachen.

Präzise bedeutet das, dass der hauptsächliche Unterschied zwischen Menschen, die vor Ideen sprühen, und jenen, die es nicht tun, kaum auf irgendeiner angeborenen Begabung zur Ideengewinnung beruht. Es hat etwas mit dem Glauben bzw. der Gewissheit zu tun, dass man Ideen haben kann.

Die, die glauben, dass sie können, können darum auch; jene, die glauben, nicht zu können, können darum auch nicht. So einfach ist das.

Zweitens sollten Sie sich damit anfreunden, was William James „die größte Entdeckung meiner Generation" genannt hat und eben auch eine Tatsache ist. Die Entdeckung?

Der Mensch vermag sein Leben zu verändern, indem er seine Einstellungen ändert.

Jean-Paul Sartre drückte es so aus: „Der Mensch ist, was er sich zu sein vorstellt."

Und Tschechow meinte: „Der Mensch ist, was er glaubt."

Auch da ist keine Frage offen.

Und dennoch ist das etwas, was viele Menschen, darunter womöglich auch Sie, nicht akzeptieren wollen.

Sie akzeptieren, dass Ihr Selbstbild Ihr Leben bestimmt, aber trotz all der Beweise, die Weise und Eltern und Priester und Ärzte und Dichter und Forscher und Philosophen und Psychologen und Lehrer und Therapeuten und Trainer fanden, trotz Tausender Beispiele aus dem realen Leben in Hunderten von Büchern zum Thema Selbstentfaltung lehnen Sie die Vorstellung ab, dass Sie Ihr eigenes Selbstbild ändern können.

Sie haben Unrecht. Sie können es ändern!

Sie akzeptieren: „So wie ein Mann in seinem Herzen denkt, so ist er." Aber Sie sind dem Irrglauben verfallen, Sie würden immer und ewig derselbe Mensch bleiben, selbst dann, wenn Sie in Ihrem Herzen anders dächten. Sie bleiben nicht unverändert. Sie werden sich verändern.

Oder Sie mögen glauben, dass Sie in Ihrem Herzen nicht mehr anders denken können, dass die Art und Weise, wie Sie heute denken, für immer in Stein gemeißelt ist.

Sie liegen wieder falsch. Sie können anders denken.

Inzwischen akzeptiert vermutlich jeder, dass das Bewusstsein bestimmt, wie der Körper arbeitet. Die Zeugnisse für diese Annahme sind schlichtweg überwältigend.

Drogenabhängige nehmen Placebos und haben keine Entzugserscheinungen, Allergiker niesen bei Plastikblumen, ungeliebte Kinder hören auf zu wachsen, hypnotisierte Patienten kann man ohne Narkose operieren, bloße Willenskraft vermag Blutdruck und Pulsschlag zu senken, Krebsopfer erfahren spontane Heilungen, Gelähmte und Krüppel verlassen Lourdes gesund – die Beispiele sind unzählig.

Aber wenn Sie darüber nachdenken, ist die Akzeptanz des Konzepts, dass ein Ding (das Bewusstsein) ein anderes Ding (den Körper) verändern kann, ein großer Sprung, ein gewaltiger Sprung, vielleicht sogar ein Quantensprung.

Alles, was ich Sie zu akzeptieren bitte, ist ein kleiner Schritt – nämlich dass das Bewusstsein sich selbst ändern kann.

Akzeptieren Sie es. Es ist eine Tatsache.

Und dann beginnen Sie Ihr Selbstbild zu verändern.

Ich schlage Ihnen in diesem Buch nicht vor, wie Sie das tun sollen, ich möchte Ihnen lediglich folgenden Rat geben: Wenn Sie sich einreden, dass Sie „niemals Ideen bekommen werden", werden Sie auch niemals welche bekommen.

Sie sollten sich vielmehr Tag für Tag sagen, dass Sie eine Ideenquelle sind, dass die Ideen bei Ihnen sprühen wie Wasser aus einem Springbrunnen. Jeden Tag. Nein, viele Male täglich. Schließlich werden Sie beginnen, nach diesem neuen mentalen Bild, das Sie von sich selbst erschaffen haben, zu handeln und zu leben.

Natürlich sind die Buchläden und Bibliotheken mit Hunderten von Büchern, Kassetten und Videos vollgestopft, die Ihnen viel besser näher bringen können, wie Sie Ihr Selbstbild verändern können – The Magic of Believing (Die Magie des Glaubens); Change Your Life Now (Verändern Sie jetzt Ihr Leben); Psycho-Cybernetics (Psycho-Cybernetik); Think and Grow Rich (Denken Sie sich reich und Sie werden es); The Power of Positive Thinking (Die Macht positiven Denkens); Life's Too Short (Das Leben ist zu kurz); Unlimited Power (Uneingeschränkte Macht) – die Liste lässt sich beliebig lange fortsetzen. Kaufen Sie sich eines dieser Bücher (oder ein ähnliches) und lesen Sie es.

Alle sagen grundsätzlich dasselbe – dass Sie Ihr Leben verändern können, indem Sie Ihre Art über sich zu denken ändern.

Und sie haben alle Recht.

Akzeptieren Sie das.

Sobald Sie einmal wissen, dass Ideen existieren und Sie diese finden werden, wird Sie eine große Ruhe umhüllen. Es ist eine Ruhe, die Sie heutzutage mehr denn je brauchen.

Der Grund?

Unsere Zeit sollte einen anderen Weg einschlagen.

Computer und Faxgeräte und Modems und E-Mail und Mailboxen und Networking und das Internet – all das war dafür bestimmt, unser Leben simpler und einfacher zu machen. Wir sollten mehr Zeit denn je zu unserer Verfügung haben, um Ideen zu kreieren.

Aber für viele – vielleicht auch für Sie – ist genau das Gegenteil eingetroffen. Downsizing stahl die Zeit, die die Elektronik ermöglichte. Und jetzt scheint es, dass man weniger Zeit hat, um jedoch doppelt so viel zu leisten. Und dieser Druck beginnt Sie nach und nach in Panik zu versetzen.

Nun, entspannen Sie sich. Sie wissen, dass die Idee irgendwo da draußen ist. Und Sie wissen, dass Sie sie finden werden.

Also machen Sie sich keine Sorgen über den Faktor Zeit. Obwohl für so manche Idee mehr Zeit erforderlich scheint, hängt ihre Gewinnung – seltsam genug – nicht von Zeit ab. Auch nicht von Arbeitsplätzen oder Zeitplänen oder Arbeitsbelastungen.

Sie könnten einen Einfall haben, während Sie Ihr Mittagessen zu sich nehmen oder während Sie duschen oder Ihren Hund Gassi führen. Und Sie könnten eine Idee just in dem Moment haben, in dem Sie das Auto starten oder das Licht anschalten.

Eine Idee zu bekommen hängt von Ihrem Glauben an die Existenz dieser Idee ab. Und von Ihrem Glauben an sich selbst.

Glauben Sie.

4. STECKEN SIE SICH ZIELE

Das Gehirn ist ein wunderbares Organ. Es beginnt in dem Moment zu arbeiten, in dem man morgens aufsteht, und hört erst wieder auf, sobald man das Büro betritt. ROBERT FROST

Das Dumme am Rattenrennen ist: Selbst wenn du gewinnst, du bist und bleibst eine Ratte. LILY TOMLIN

Wenn ich in den Schönheitssalon gehe, betrete ich ihn immer durch den Notausgang. Manchmal gehe ich nur dorthin, um mir eine Meinung zu bilden. PHYLLIS DILLER

Ich möchte gerne, dass Sie sich einen Stahlträger mit einer Breite von ungefähr 30 Zentimetern und einer Länge von ungefähr 30 Metern vorstellen.

Nehmen wir einmal an, ich hieve diesen Stahlträger auf das Dach eines 40-geschössigen Bürogebäudes und lege ihn quer über die tiefe Straßenschlucht auf das Dach eines gegenüberliegenden 40-geschössigen Bürogebäudes.

Und hier der Deal: Wenn Sie über diesen Stahlträger von einem Gebäude zum anderen balancieren, gebe ich Ihnen 100 Dollar.

Wenn Sie so wie die meisten Menschen sind, werden Sie sagen, vergiss es. „In einer Höhe von 40 Stockwerken über dieses dünne Stück Stahl balancieren? Nie im Leben. Ich könnte das Gleichgewicht verlieren und hinunterfallen." Und wahrscheinlich wären Sie dann auch hinuntergefallen.

So, und jetzt gehe ich über die Straße, hinauf aufs Dach des anderen Gebäudes und halte Ihr zwölf Wochen altes Baby drohend über den Abgrund. Ich erkläre Ihnen, dass ich es fallen lasse, falls Sie nicht unverzüglich über diesen Träger gehen.

Wenn Sie wie die meisten Menschen sind, werden Sie hinübergehen. Nicht nur das, Sie werden es wahrscheinlich ganz leicht schaffen, ohne jede Anstrengung, als ob Sie auf einer Brücke wären.

Warum haben Sie so unterschiedlich reagiert? Die von Ihnen verlangte Leistung – über den Träger zu gehen – hat sich nicht verändert.

Sie reagierten unterschiedlich, weil Sie jeweils unterschiedliche Ziele verfolgten.

Das erste Mal war Ihr Ziel, nicht hinunterzufallen.

Das zweite Mal war Ihr Ziel, Ihr Baby zu retten.

Das erste Mal machten Sie sich über den Weg als solchen Sorgen – wohin Sie Ihre Füße setzen, wie Sie wohl am besten Ihre Arme bewegen, um das Gleichgewicht zu halten, wie schnell Sie gehen, wie groß Ihr Schritt sein sollte, kurzum, was Sie tun müssen, um nicht zu fallen.

Das zweite Mal dachten Sie über keines dieser Dinge nach. Alles, worum Ihre Gedanken kreisten, war, Ihr Baby zu retten. Und Ihr Bewusstsein erkannte automatisch, wie sich Ihr Körper bewegen müsste, um auf die andere Seite zu gelangen.

Falls Sie Ihrem Geist Ziele setzen – wie zum Beispiel Ideen zu bekommen –, wird Ihr Bewusstsein auf die gleiche Art und Weise Mittel und Wege finden, diese zu erreichen.

Oder denken Sie über einen anderen Fall nach: Ein Typ versuchte, ein Computerprogramm zu entwickeln, welches ermitteln könnte, wo und wann und wie schnell ein Mittelfeldspieler laufen sollte, um einen geschlagenen Baseball so perfekt wie Willie Mays zu fangen.

Er musste den Wind und die Luftfeuchtigkeit im Stadion, das Geräusch des Schlägers, wenn er den Ball trifft, die Technik, mit der der Werfer den Wurf setzt, was jener spezielle Schlagmann in vorangegangenen Situationen gegen diesen Werfer und gegen diesen bestimmten Schlag in diesem bestimmten Stadion unternommen hatte und die Art und Weise, wie dieser spezielle Schlagmann den Ball bei anderen Matches geschlagen hatte, in seine Überlegungen miteinbeziehen.

Er musste die Ballgeschwindigkeit beim Abschlag berechnen und wie sich die Geschwindigkeit mit zunehmender Entfernung verlangsamen würde.

Er musste die Richtung sowie die Eigenrotation des Balles in Betracht ziehen und auch den Aufstiegs- und Abstiegswinkel.

Dann musste er sich überlegen, wie schnell der Feldspieler rennen sollte und in welche Richtung und in welchem Winkel, um den Ball zu fangen, bevor er den Boden oder die Mauer berührte.

Ich weiß nicht, ob er bei der Entwicklung dieses Programms schlussendlich erfolgreich war.

Aber ich weiß, dass Willie Mays all das vollbrachte, ohne bewusst darüber nachzudenken.

Er sah ganz einfach den Ball, der geschlagen wurde, und rannte exakt zu der Stelle, wo der Ball auftreffen würde. Alles, was er tat, war, sich auf das Ziel zu konzentrieren – den Ball zu fangen. Sein Gehirn nahm alle Informationen auf, die ihm seine Augen und Ohren und sein Gedächtnis vermittelten, und führte sämtliche Berechnungen durch: Es teilte seinem Körper mit, welche Richtung er einzuschlagen hat, seinen Beinen, wie schnell sie laufen, seinen Armen, wie hoch sie greifen sollten, seiner Hand, in welchem Winkel sie sich drehen muss.

Lassen Sie mich ein anderes Beispiel anführen:

Das Magazin Research Quarterly berichtete über eine Studie, die untersuchte, wie die rein geistige Vorstellung, Freiwürfe zu üben, die tatsächliche Leistung beim Basketball positiv beeinflussen kann.

Die erste Gruppe von Studenten übte 20 Tage lang auf einem realen Basketballfeld Freiwürfe und jeder Student wurde am ersten und letzten Tag bewertet.

Die Studenten aus der zweiten Gruppe wurden ebenfalls am ersten und letzten Tag dieses Zeitraumes einer Bewertung unterzogen, übten allerdings dazwischen nie.

Die Studenten der dritten Gruppe sollten sich – wiederum an jedem dieser 20 Tage – vor ihrem inneren Auge vorstellen, Freiwürfe zu üben, und sie sollten auch ihre Fehler korrigieren, wenn der Ball nicht in den Korb fiel; auch sie wurden am ersten und am letzten Tag bewertet.

Die Studenten der ersten Gruppe – diejenigen, die wirklich übten – konnten ihr Wurfergebnis um 24 Prozent verbessern.

Die Studenten der zweiten Gruppe – diejenigen, die überhaupt nichts taten – zeigten keinerlei Verbesserung.

Und die Studenten der dritten Gruppe – diejenigen, die also mental übten – verbesserten ihre Anfangswerte um 23 Prozent.

Experimente mit Darts-Spielern zeigten beinahe dasselbe Ergebnis – mental Darts-Pfeile auf eine Zielscheibe zu schießen, vermag die Leistung ebenso sehr zu verbessern wie das praktische Üben.

Fall geschlossen.

Weil, erkennen Sie es nicht? – Wieder einmal ist es ein Quantensprung gegenüber einer Situation, die nur einen kleinen Sprung erfordert.

Wenn Ihr Bewusstsein das Verhalten Ihres Körpers in einer Höhe von 40 Stockwerken auf einem schmalen Stahlträger kontrollieren kann oder auch auf einem Baseballfeld, wenn der Ball geschlagen wurde, oder vor einem Dartsbord oder auf einem Basketballplatz – wenn Ihr Bewusstsein die Art und Weise, wie Ihr Körper jeweils zweckorientiert funktioniert, kontrollieren kann, dann stellen Sie sich einmal vor, wie Ihr Bewusstsein das Verhalten Ihres Bewusstseins kontrollieren kann.

Also, wenn Sie Ideen haben wollen, stellen Sie sich einfach vor, sie hätten sie schon längst.

Stellen Sie sich das Szenario vor, genauso wie sich die Studenten ausgemalt haben, wie der Ball in den Korb fällt, die Darts-Pfeile ins Ziel treffen.

Stellen Sie sich vor, wie sich Taucher den Tauchgang vorstellen, Billardspieler den Stoß, Golfspieler den Putt.

Stellen Sie sich nicht vor, dass Sie die Idee bekommen werden. Stellen Sie sich vor, dass Sie sie bereits haben. Stellen Sie sich vor, dass man Sie deswegen lobt, sich bei Ihnen bedankt und Sie belohnt werden.

Und Sie werden es erleben.

5. SEIEN SIE MEHR KIND

Ein Kind ist ein Verrückter mit Locken und Grübchen.

RALPH WALDO EMERSON

Es gibt heute mehr Langweiler als zu den Zeiten, wo ich noch ein Junge war. FRED ALLEN

Die Jugend ist so eine herrliche Sache. Was für ein Verbrechen, dass sie an Kinder verschwendet wird! GEORGE BERNARD SHAW

Ich traf niemals ein Kind, das ich mochte.

W. C. FIELDS

Baudelaire beschrieb Genialität als Kindheit, die man nach Belieben wiedergewinnen kann.

Er sagte damit, dass Sie die Wunder der Kindheit wieder reproduzieren, Genialität erfahren können.

Und er hatte Recht: Es ist das Kind in Ihnen, das kreativ ist, nicht der Erwachsene.

Der Erwachsene in Ihnen trägt einen Gürtel und Hosenträger und schaut in beide Richtungen, bevor er die Straße überquert.

Das Kind in Ihnen geht barfuß und spielt auf der Straße.

Der Erwachsene schlägt den Ball nach rechts.

Das Kind klettert über die Zäune.

Der Erwachsene denkt zu viel und hat zu viel Narbengewebe und ist durch zu viel Wissen und zu viele Grenzen und Regeln und Annahmen und Vorurteile behindert.

Kurz gesagt, der Erwachsene ist ein Trottel. Ein Trottel mit Handschellen.

Das Kind ist unschuldig und frei und weiß nicht, was es nicht kann oder nicht tun sollte. Es sieht die Welt, wie sie wirklich ist, und nicht, wie uns Erwachsenen beigebracht wurde zu glauben, dass sie sei.

„In der Physik wie auch anderswo", schreibt Gary Zukav in The Dancing Wu Li Masters (Die tanzenden Wu-Li-Meister), „sind die, die die

Heiterkeit des kreativen Prozesses am meisten gespürt haben, auch die, die die Grenzen des Bekannten am weitesten überschritten und sich tief in das unerforschte Gebiet gewagt haben, das jenseits der Barriere des Offensichtlichen liegt. Dieser Typ Mensch hat zwei Charaktereigenschaften. Erstens, eine kindliche Fähigkeit, die Welt so zu sehen, wie sie ist, und nicht, wie sie aufgrund dessen, was wir über sie wissen, erscheint."[*]

Zukav fährt fort:

„Das Kind in uns ist immer naiv, unschuldig in simplifizierendem Sinn. Eine Zen-Geschichte erzählt von Nan-in, einem japanischen Meister, der in der Meiji-Ära lebte und den Besuch eines Universitätsprofessors erwartete. Der Professor wollte etwas über Zen erfahren. Nan-in servierte Tee. Er füllte die Tasse seines Besuchers voll und hörte auch dann nicht auf, als sie schon längst voll war. Der Professor beobachtete, wie der Tee über den Rand der Schale floss, und irgendwann konnte er sich nicht mehr zurückhalten.

‚Sie ist übervoll. Es geht nicht mehr hinein!'

‚Wie diese Tasse', sagte Nan-in, ‚sind Sie angefüllt mit Ihren eigenen Meinungen und Erwartungen. Wie kann ich Ihnen Zen näher bringen, bevor Sie Ihre Tasse geleert haben?'"

---

[*] „Die zweite Charaktereigentschaft wahrer Künstler und Wissenschaftler", schreibt Zukav an anderer Stelle, „ist das Vertrauen, welches beide in sich spüren." (Lesen Sie Kapitel 3 für eine Erörterung dieser Charaktereigentschaft.)

Zukav schreibt weiter: „Unsere Tasse ist für gewöhnlich bis zum Rand mit dem ‚Offensichtlichen‘, mit ‚Hausverstand‘ und ‚Selbstverständlichkeit‘ gefüllt."

„Wenn Sie kreativer wären", schreibt der Psychologe Jean Piaget, „sollten Sie zum Teil Kind bleiben, mit der Kreativität und dem Erfindungsgeist, was beides Kinder charakterisiert, bevor sie durch die Gesellschaft der Erwachsenen deformiert werden."

J. Robert Oppenheimer stimmte zu: „Es gibt Kinder, die auf der Straße spielen und einige meiner Hauptprobleme in der Physik lösen könnten, weil sie über Methoden der sensorischen Deprivation verfügen, die ich schon lange verloren habe."

Auch Thomas Edison war dieser Meinung: „Die größte Erfindung in der ganzen Welt ist das Bewusstsein eines Kindes."

Und Will Durant meinte: „Das Kind weiß genauso viel über kosmische Wahrheiten, wie Einstein während der Ekstase seiner letzten Formelfindung erlebte."

Das kommt kurioserweise dem nahe, was Einstein selbst sagte: „Ich frage mich manchmal, warum ich gerade derjenige war, der die Relativitätstheorie entwickelte. Ich glaube, der Grund dafür ist, dass ein normaler Erwachsener niemals innehält, um den Problemen von Zeit und Raum nachzuspüren. Das sind Dinge, über die er als Kind nachdachte. Jedoch verlief meine intellektuelle Entwicklung verlangsamt, daher begann ich mich erst über Raum und Zeit zu wundern, als ich bereits erwachsen war."

Vielleicht drückte es Dylan Thomas am besten aus, als er schrieb:

Der Ball, den ich warf, als ich im Park spielte,
hat den Boden noch nicht berührt.

Erwachsene spielen nicht im Park; Kinder schon.

Erwachsene neigen dazu, das zu tun, was sie oder andere Leute schon das letzte Mal getan haben.

Für Kinder gibt es kein voriges Mal. Jedes Mal ist das erste Mal. Und wenn sie auf Ideensuche gehen, erforschen sie ein Land, das frisch und unverfälscht ist, ein Land ohne Regeln, ein Land ohne Grenzen oder Zäune oder Mauern oder Ränder, ein Land mit unzähligen Versprechungen und Möglichkeiten.

Erinnern Sie sich an eine Geschichte in Robert Pirsigs Buch Zen and the Art of Motorcycle Maintenance (Zen und die Kunst ein Motorrad zu warten)? Es geht um ein Mädchen, dem nichts einfällt, als es einen 500 Wörter langen Aufsatz über die Vereinigten Staaten schreiben soll. Der Lehrer schlägt ihr vor, über ihre Heimatstadt Bozeman in Montana anstatt über die gesamten Vereinigten Staaten zu schreiben. Als auch das nicht hilft, fordert er sie auf, über die Hauptstraße in Bozeman zu schreiben. Es kommt noch immer nichts.

Danach meint er: „Grenze das Thema weiter ein und schreibe über die Vorderfront eines Gebäudes auf der Hauptstraße – das Opernhaus. Beginne mit dem obersten Ziegel auf der linken Seite."

Zur nächsten Schulstunde bringt das Mädchen einen 5.000 Wörter umfassenden Aufsatz über die Vorderfront des Opernhauses auf der Hauptstraße von Bozeman.

„,Ich saß in der Hamburgerbude auf der anderen Straßenseite', sagt sie, ‚und begann über den ersten Ziegel zu schreiben und dann über den zweiten. Beim dritten Ziegel sind dann die Worte richtig aus mir herausgesprudelt, und ich konnte nicht mehr aufhören zu schreiben.'"

Sie war anfänglich blockiert, schreibt Pirsig, „weil sie versuchte, in schriftlicher Form Dinge wiederzugeben, von denen sie bereits gehört hatte ... Sie konnte nichts über Bozeman schreiben, weil sie sich darüber nichts Erwähnenswertes in Erinnerung rufen konnte. Als sie schreiben sollte, war ihr überhaupt nicht bewusst, dass sie sich dazu umsehen und selbst neue Eindrücke gewinnen könnte, ohne das, was bereits darüber gesagt worden war, mit einzubeziehen."

Kinder haben solche Blockaden nicht, weil sie „davor" nichts „darüber" wissen. Sie haben nur vom Jetzt Kenntnis. Und wenn sie nach einer Lösung für ein Problem suchen, lassen sie ihren Blick herumwandern und finden ihre eigene. Jedes Mal.

Sie brechen Regeln, weil sie von deren Existenz gar keine Ahnung haben. Sie machen seltsame Dinge, die ihren Eltern Unbehagen bereiten. Im Boot stehen sie auf und schaukeln herum. Sie schreien in der Kirche, spielen mit Streichhölzern und hämmern mit ihren Fäusten auf das Klavier ein.

Sie sehen ständig neue Beziehungen zwischen Dingen, die scheinbar nichts miteinander zu tun haben. Sie malen orange Bäume und violettes Gras und lassen Feuerwehrautos von Wolken herunterhängen.

Sie studieren begeistert „gewöhnliche" Dinge – einen Grashalm, einen Löffel, ein Gesicht – und betrachten Dinge als Wunder, die für die meisten von uns selbstverständlich sind.

Sie fragen und fragen und fragen.

„Kinder sind die geborenen Wissenschaftler", sagte Carl Sagan. „Als Erstes stellen sie die fundamentalen wissenschaftlichen Fragen: Warum ist der Mond rund? Warum ist der Himmel blau? Was ist ein Traum? Warum haben wir Zehen? Wann hat die Welt Geburtstag? Wenn sie erst einmal ins Gymnasium kommen, stellen sie kaum mehr Fragen dieser Art."

„Kinder kommen als Fragezeichen in die Schule und verlassen sie als Punkte", stimmte Neil Postman zu.

Werden Sie wieder zum Fragezeichen!

Was auch immer Sie sehen, fragen Sie sich, warum es so beschaffen ist. Wenn Sie keine sinnvolle Antwort erhalten, gibt es vielleicht Platz für Verbesserungen.

Warum ist Ihre Fertigungsstraße so angelegt?

Warum sitzt Ihre Rezeptionistin hinter einem Schreibtisch?

Warum tun Sie es?

Warum kommen Sie zur Arbeit und warum gehen Sie, wann sie es tun?

Warum öffnet und schließt Ihr Büro oder Ihr Werk, wann tut es dies?

Warum sehen Ihre Visitenkarten, Ihr Briefpapier, Ihre Präsentationsmappen so aus, wie sie aussehen?

Warum schaut Ihr Produkt so aus, wie es aussieht?

Warum ist Ihr Produkt so verpackt, wie es verpackt ist?

Warum sehen Ihre Rechnungen und Honorarnoten so aus, wie sie aussehen?

Warum sind Küchentische und Waschbecken so hoch, wie sie es sind?

Warum haben Wasserhähne in der Küche keine Fußpedale?

Warum haben Kühlschränke keine Schiebetüren?

Immer mehr Banken lassen ihre Kunden eine einzige lange Warteschlange bilden, damit kein Kunde jemals in einer langsamen Warteschlange warten muss. Warum machen das Supermärkte und andere Geschäfte nicht so?

Warum ist das Wort „Milch" so oft das größte oder zweitgrößte Wort auf Milchpackungen? Jeder weiß, dass es sich um Milch handelt. Warum wird dieser Platz daher nicht besser genutzt?

Warum montiert man Tankdeckel nicht auf beiden Seiten der Autokarosserie, damit man, ganz gleich, auf welcher Seite der Zapfsäule man geparkt hat, niemals den Schlauch um das halbe Auto herumziehen muss?

Jeder von uns hat ein mentales Bild von sich selbst. Wie alt ist die Person, die Sie in diesem Bild sehen?

Als ich diese Frage einem der kreativsten Menschen aus meinem Bekanntenkreis stellte (dem Illustrator dieses Buches), antwortete er: „Sechs."

Stellen Sie sich das vor. Wenn er sich selbst betrachtet, sieht er vor seinem inneren Auge einen Sechsjährigen.

Kein Wunder, dass er förmlich vor Ideen, Einfällen und Lösungsvorschlägen überquillt. Er denkt unbewusst sehr oft wie ein Sechsjähriger und betrachtet die Welt mit den Augen eines Sechsjährigen.

Als wir einmal an einer Werbung für Katzenfutter arbeiteten, fragte er sich, wie die Welt wohl aus der Sicht einer Katze aussieht – wenn die Katze rennt, wie schauen Wände und Stufen und Möbel für sie aus? Wovon träumt sie? Wie sähe ihre Nahrung aus? Ist für sie „Lachsdinner" aus der Dose optisch das, was uns unser Lachsdinner ist? Die Fragen gingen weiter und weiter und weiter.

Ein anderer fast so junger Freund von mir arbeitete an einer Smokey-Bear-Werbung und fragte sich, wie das denn wohl abliefe, wenn die Tiere aus dem Wald jeden Sommer in unsere Gärten kämen und ihre noch schwelenden Lagerfeuer zurücklassen würden – genau wie wir unsere Feuer in deren Lebensräumen zurücklassen.

Ein anderer Freund fragte sich, wie es nach Geschäftsschluss in der Obst- und Gemüseabteilung eines Lebensmittelgeschäftes zuginge. Erzählen die Sunkist-Zitronen dem Broccoli, dass sie ein gutes Paar abgäben?

Lassen Sie das Kind in sich herauskommen. Haben Sie keine Angst.

In den meisten Branchen werden Menschen, die mit neuen Ideen „antanzen", belohnt. Und eine Möglichkeit, neue Ideen zu gewinnen, ist, mehr Kind zu sein.

Also, das nächste Mal, sobald Sie ein Problem zu lösen haben oder eine Idee benötigen, fragen Sie sich Folgendes: „Wie würde ich das lösen, wenn ich sechs Jahre alt wäre?" „Wie würde ich die Sache angehen, wenn ich vier wäre?"

Werden Sie locker. Rennen Sie an manchen Tagen durch die Eingangshalle. Essen Sie eine Tüte Eiskrem an Ihrem Schreibtisch. Nehmen Sie alles aus Ihren Schreibtischschubladen heraus, und lassen Sie es einige Tage auf dem Boden liegen. Stellen Sie Ihre Büromöbel um. Halten Sie ein Mittagsschläfchen. Malen Sie mit einem Filzstift Bilder auf Ihre Fensterscheibe. Schreiben Sie Notizen mit Buntstiften. Singen Sie laut im Fahrstuhl. Hämmern Sie aufs Klavier ein. Stehen Sie im Boot auf. Und dann schaukeln Sie.

Haben Sie Spaß. (Siehe Kapitel 2)

Vergessen Sie, was früher gemacht wurde. Brechen Sie die Regeln. Überschreiten Sie Grenzen. Seien Sie unlogisch. Seien Sie dumm. Seien Sie frei.

Seien Sie ein Kind.

6. INPUTS! INPUTS! INPUTS

Es ist jetzt zweifellos bewiesen, dass das Rauchen einer
der Hauptgründe für Statistiken ist.

FLETCHER KNEBEL

Wissen ist Macht, wenn Sie es über die richtige Person besitzen.

ETHEL WATTS MUMFORD

Wir sind hier, und es ist jetzt. Darüber hinaus ist sämtliches
menschliches Wissen nur Mondschein.

H. L. MENCKEN

Im Lauf der Zeit habe ich mit Hunderten kreativen Menschen in Werbeagenturen zusammengearbeitet. Das waren Menschen, die Ideen zu ihrem Lebensunterhalt machten. Auf Bestellung. Jeden Tag.

Diese Leute erschienen in verschiedensten Formen und Größen und Farben und Sternzeichen und Persönlichkeiten. Einer war Doktor der Anthropologie, ein anderer Schulabbrecher. Sie kamen aus intakten und zerstörten Familien, aus Villen und Sozialwohnungen. Ich arbeitete mit Hetero- und Homosexuellen, mit Extrovertierten und Introvertierten, mit Exhibitionisten, Alkoholikern, Selbstmordkandidaten, ehemaligen Priestern und früheren Spionen – die Liste ließe sich beliebig lange fortsetzen.

Doch allen waren zwei Charaktereigenschaften eigen.

Erstens waren sie mutig (ein Thema, mit dem ich mich im nächsten Kapitel auseinander setzen werde).

Zweitens waren sie extrem neugierig. Sie besaßen eine fast unstillbare Neugier, wie Dinge funktionieren, woher sie kommen und was in Menschen vorgeht.

Sie waren an Tortenherstellungsmaschinen, Blumentrocknen, aztekischen Grabriten, Motorraddesigns, Phobien, Limonen usw. interessiert.

Sie wussten Dinge wie den Namen des Pferdes, das Napoleon in der

Schlacht bei Waterloo ritt (Marengo), wie sehr sich das Volumen von Eiweiß vergrößert, nachdem es zu Eischnee geschlagen wurde (siebenmal), wie viel Flüssigkeit ein breitrandiger Cowboyhut aufnehmen kann (fast drei Liter) und wie oft pro Tag ein afrikanischer Elefant im Durchschnitt seinen Darm entleert (16-mal).

Die meisten waren von Natur aus so neugierig. Ihr ganzes Leben hatten sie „das Bedürfnis, etwas zu wissen", wie es mir jemand erklärte. Bei manchen war dieses Bedürfnis so stark, dass sie es bereits als Fluch und nicht als Segen betrachteten. Sie irrten sich.

Denn ihre Neugier war eine der Ursachen, die sie dazu trieb, spontan viele Ideen zu versprühen. Ihre Neugier zwang sie dazu, praktisch pausenlos irgendwo ein paar Bissen Wissen zu verschlingen – „Allgemeinwissen über das Leben und Ereignisse", die „alten Elemente", von denen James Webb Young gesprochen hatte.

Und eines Tages kombinieren sie diese Elemente mit anderen Elementen, um eine Idee zu kreieren. Und je mehr Elemente zu kombinieren sie imstande waren, umso mehr Ideen konnten sie kreieren.

Wenn „eine Idee nicht mehr oder weniger ist, als eine neue Kombination alter Elemente", ist es im Grunde genommen nur logisch, dass die Person, die mehr alte Elemente kennt, vermutlich eher auf eine neue Idee kommen wird als jemand, der weniger alte Elemente kennt.

Wenn Sie keine natürliche Neugier besitzen, die Sie zwingt, ständig ein paar Brocken Wissen anzuhäufen, müssen Sie sich selbst dazu zwingen.

Jeden Tag. Bewusst.

Jeden Tag, seitdem er zwölf Jahre alt geworden war, erzählte mir Ray

Bradbury einmal vor vielen Jahren, lese er zumindest eine Kurzgeschichte, einen Aufsatz und ein Gedicht. Jeden Tag. Er sagte, er wisse nie, wann etwas, das er vor 20 Jahren gelesen habe, mit etwas „kollidieren" werde (sein Ausdruck), das er am Vortag gelesen hatte, um eine Idee für eine Geschichte zu produzieren.

Wann haben Sie zuletzt eine Kurzgeschichte oder einen Aufsatz oder ein Gedicht gelesen? Wundert es Sie, dass Ray Bradbury mehr Ideen hat als Sie?

Hier folgen zwei Methoden, die Sie dazu anregen sollen, mehr alte Elemente anzuhäufen:

1. BEFREIEN SIE SICH VOM ALLTÄGLICHEN TROTT

Natürlich folgen Sie einem täglichen Trott. Geben Sie es ruhig zu.

Warum sonst sollten Sie die gleichen Dinge auf die gleiche Art und Weise in der gleichen Reihenfolge jeden Morgen nach dem Aufstehen tun? Oder das Gleiche jeden Tag zum Frühstück essen? Oder Tag für Tag den gleichen Weg zur Arbeit nehmen? Oder immer den gleichen Teil der Zeitung lesen? Oder immer die gleichen Artikel im Supermarkt kaufen? Oder immer die gleichen Fernsehsendungen anschauen? Oder so essen, wie Sie essen, sich so kleiden, wie Sie sich kleiden, oder so denken, wie Sie denken, oder, oder, oder?

Es ist so, weil Sie einem täglichen Trott folgen.

Und weil dem so ist, nehmen Ihre fünf Sinne jeden Tag die Informationen auf, die sie schon am Vortag registriert haben – die gleichen Ansichten, die gleichen Gefühle, die gleichen Gerüche, die gleichen Geräusche, den gleichen Geschmack.

Natürlich, ab und zu schleichen sich schon andere Reize ein. Das kann man nicht verhindern. Nicht einmal ein blinder und tauber Einsiedler kann sich von neuen Wahrnehmungen fernhalten.

Allerdings schleichen sie bloß herein, trotz der Dinge, die Sie tun, nicht weil Sie diese tun.

Und wenn Sie nur in Ihrer gewohnten Routine bleiben und neue Informationen nur selten einfließen lassen, werden Sie niemals den Berg an unterschiedlichen und umfassenden Daten anhäufen können, den Sie benötigen, um neue Ideen zu formen.

Es gibt da draußen eine gewaltige, faszinierende und explodierende Welt der Informationen – gleich in welche Richtung Sie Ihre Aufmerksamkeit auch richten.

Allerdings: Sie müssen danach Ausschau halten. Und je eher Sie damit beginnen, desto eher werden Sie sich der „alten Elemente" bewusst werden, von deren Existenz Sie nicht einmal wussten.

Man sagt, dass André Gide versuchte, zumindest ein Buch pro Monat zu einem Thema zu lesen, das ihn überhaupt nicht interessierte. Haben Sie das jemals getan? Tun Sie es. Zumindest einmal.

Also:

Hören Sie ein Programm einer Radiostation an, das Sie niemals zuvor gehört haben.

Lernen Sie Latein.

Bestellen Sie im Restaurant etwas, ohne genau zu wissen, um welches Gericht es sich eigentlich handelt.

Lesen Sie den Packungstext einer Tiefkühlpizza. Lesen Sie die Stellenanzeigen. Lesen Sie Marianne Moore und Allen Ginsberg. Lesen Sie ein Kinderbuch. Lesen Sie nochmals The Death of a Salesman (Der Tod eines Handlungsreisenden). Lesen Sie ein Magazin, das Sie niemals zuvor in Händen gehalten haben.

Suchen Sie sich etwas im Internet, von dem Sie glauben, dass Sie es nicht mögen werden. Schauen Sie sich aus der gleichen Motivation heraus ein Theaterstück oder einen Film an. Leihen Sie sich ein Video aus, das Ihnen bislang nicht bekannt war.

Erforschen Sie drei verschiedene Bäume in Ihrer Umgebung. Lernen Sie, nur durch Berühren der Rinde zu erkennen, um welchen Baum es sich handelt. Lernen Sie, nur mit Ihrer Nase die Unterschiede zu erkennen.

Gehen Sie mit einem anderen Menschen wie üblich zum Mittagessen.

Hören Sie intensiv Musik, die Sie nicht mögen.

Fahren Sie eine Woche mit dem Bus.

Lernen Sie Musik zu lesen. Lernen Sie eine Sprache zu singen. Lernen Sie Klößchen zu machen. Lernen Sie Knoten zu binden.

Besuchen Sie einen Kurs über Aquarellmalerei.

Lernen Sie Griechisch. Oder Chinesisch. Oder Deutsch!

Besuchen Sie ein Geschäft, eine Galerie, ein Museum, ein Restaurant, einen Markt, ein Gebäude, einen Platz, wo Sie noch nie waren.

Natürlich sage ich nicht, Sie sollen alle diese Dinge unternehmen.

Aber bitte, unternehmen Sie heute etwas. Etwas anderes, etwas, das Sie aus Ihrer Starrheit herausholt, etwas, das Sie auf einen unbekannten Weg bringen wird, etwas, das Sie aus Ihrem Trott reißt.

„Wenn Sie kreativ sein wollen", sagte Louis L'Amour, „suchen Sie den Ort auf, zu dem Sie Ihre Fragen führen. Unternehmen Sie etwas. Verschaffen Sie sich ein breites Spektrum an Erfahrungen."

Ein mit mir befreundeter Autor aus Los Angeles wohnte ungefähr zehn Meilen von seinem Büro entfernt. Zwischen Wohnung und Arbeitsplatz lag ein schnurgerader Straßenzug, der Wilshire Boulevard, der ihn direkt in die Innenstadt und damit in sein Büro geführt hätte. Aber er nahm nie diesen Boulevard. Tatsächlich fuhr er neun Jahre lang jeden Wochentag eine andere Strecke zur Arbeit. Niemals, sagte er, nahm er den gleichen Weg. „Ich gebe zu, manchmal musste ich schon ein paar Verrücktheiten unternehmen, um nicht dieselbe Strecke zu fahren", erinnerte er sich. „Ich musste Alleen hinunterfahren und auf Privatgrund herumspazieren und Hauptstraßen nehmen, die in die entgegengesetzte Richtung führten. Aber ich habe nie dieselbe Route zweimal genommen. Und ich wette, während dieser neun Jahre habe ich mehr von Los Angeles gesehen, als die meisten Menschen in ihrem ganzen Leben."

In welcher Hinsicht sind Sie reicher als mein Freund, weil Sie jeden Tag den gleichen Weg zur Arbeit nehmen?

Jeden Tag sah er etwas, das er nie zuvor gesehen hatte.

Sie sehen tagaus, tagein die Dinge, die Sie gestern auch schon gesehen haben. Er sah ständig Neues. Sie sehen ständig dieselben alten Dinge.

Nehmen Sie morgen einen anderen Weg zur Arbeit. Und am darauffolgenden Tag wieder einen anderen Weg. Und am nächsten Tag auch. Für immer.

2. LERNEN SIE ZU SEHEN

Vor dem Zweiten Weltkrieg fuhren mein Vater, meine Mutter und ich von Evanston in das Haus der Eltern meiner Mutter in Danville. Wir taten das ungefähr einmal pro Monat. Damals war das eine Fahrt von ca. zwei bis drei Stunden. Manchmal spielten wir während der Fahrt ein Spiel mit dem Namen „Weißes Pferd": Derjenige, der am Ende der Reise die meisten weißen Pferde gesichtet hatte, war der Gewinner.

Das Interessante an dieser Unterhaltung, woran ich mich erinnere, ist, dass wir während des Spiels die verschiedensten Arten weißer Pferde entdeckten. Spielten wir das Spiel hingegen nicht, sahen wir kaum welche. Warum?

Wohl nicht, weil ausgerechnet bei den Fahrten, bei denen wir unser Spiel spielten, ganze Herden weißer Pferde in der Gegend waren.

Der Grund war vielmehr, dass wir nach diesen weißen Pferden Ausschau hielten und sie daher sahen. Wenn wir nicht spielten, schenkten wir der Existenz von weißen Pferden keine besondere Aufmerksamkeit.

Ähnliches geschieht zum Beispiel, wenn Sie sich gerade ein Auto kaufen oder bloß überlegen, eines zu kaufen. Ganz plötzlich beginnen Sie überall Autos ein und derselben Marke zu sehen.

Sie waren auch vorher da. Sie haben sie nur nicht wahrgenommen, weil Sie nicht nach ihnen gesucht haben. Aber sobald Sie sich für Autos einer bestimmten Marke interessieren, beginnen Sie – bewusst oder unbewusst – danach Ausschau zu halten. Und voilà, da sind sie.

Und was für weiße Pferde und Autos gilt, gilt für alles Übrige auch.

Weil Sie alles sehen, was mit Ihren Augen in Kontakt tritt.

Sie haben jedes Auto gesehen, an dem Sie heute morgen auf dem Weg zur Arbeit vorbeigefahren sind. Und jedes Auto, das Sie überholt hat. Und jeden Fahrer in jedem Auto, an dem Sie vorbeigefahren sind oder der Sie überholt hat.

Sie haben auch jeden Baum und jeden Strauch und jedes Fleckchen Gras gesehen, an dem Sie vorbeigekommen sind. Und jede Telefonzelle, jede Tankstelle, jedes Gebäude, jede Verkehrsampel, jeden Menschen, jede Straßenlampe, jeden Postkasten, „jedes alles".

Warum können Sie sich aber nur an einen geringen Bruchteil von dem, was Sie gesehen haben, erinnern?

Das rührt daher, dass Sie nicht wirklich hingesehen haben, Sie haben einfach nur geschaut – nicht aktiv nach etwas Ausschau gehalten. Schauen erfordert überhaupt keine Bemühungen. Es ist genauso einfach wie Atmen. Bewusst nach etwas Ausschau halten ist anders, das erfordert Anstrengungen. Und Engagement.

Aber passen Sie auf: Wenn Sie erst einmal „den Dreh rausgekriegt" haben, wird „Ausschau halten" fast so natürlich vor sich gehen wie schauen.

Lassen Sie mich ein paar Geschichten erzählen:

Evanston, wo ich aufgewachsen bin, war „trocken". Wenn man einen Drink wollte, musste man zu Skokie oder zur Howard Street gehen, jene Straße, die Evanston von Chicago teilt. Mein Freund Bob Bean und ich gingen oft zur Howard Street. Damals hatten wir wirklich nichts anderes zu tun, wir waren beide klein und fett und unsere Gesichter mit Pickeln übersät, und Rendezvous zur Erlösung unserer Seelen konnten wir ohnehin keine bekommen. Es gab eine Menge Bars auf der Howard Street, in denen man Bier bestellen konnte, obwohl man – wie es das amerikanische Gesetz vorschreibt – noch nicht 21 war –, sogar, wenn man noch keine 19 war.

Als wir in irgendeiner Nacht in einer dieser Bars hockten, blickte Bob von seinem fast leeren Glas auf und grinste: „Senk' deinen Blick einmal eine Minute zu Boden." Ich tat es, und dann sagte er: „Wie viele Kassen gibt es hinter der Bar?"

„Eine", sagte ich.

„Drei", sagte er. „Lass' deinen Kopf unten. So, wie viele Menschen außer uns sind noch in der Bar?"

„Zwölf?", sagte ich.

„Acht", sagte er.

Und das war der Beginn eines Spiels, das wir die nächsten drei Jahre sehr, sehr oft spielten:

Wir gingen in eine Bar, bestellten ein Bier und verbrachten zehn Minuten damit, uns umzuschauen, wir versuchten, uns jedes Detail genau einzuprägen. Nach diesen zehn Minuten senkten wir unsere Häupter und stellten einander abwechselnd Fragen.

„Wie viele Stühle gibt es hier drinnen?" „Wie viele Fenster?" „Wie viele Stufen zwischen Eingangstür und Bar?" „Welche Augenfarbe hat der Barkeeper?" „Wie schaut die Decke aus?"

Nach ein paar Monaten waren wir so gut, dass wir beide Schwierigkeiten hatten, nach etwas zu fragen, das der andere nicht korrekt beantworten konnte.

„Wie viele Flaschen stehen hinter der Bar?" „Beschreibe jedes Bild und jedes Schild an den Wänden." „Welche Preise waren in die Kassen eingetippt, als wir hereinkamen?"

Als wir mit diesem Spiel irgendwann aufhörten, gab es nichts, was wir nicht wussten.

„Nenne mir den Namen jeder Flasche, die hinter der Bar steht." „So, jetzt sage mir, wie voll die verschiedenen Flaschen sind? Halb voll? Ein Viertel voll? Drei Viertel voll?"

Wirklich, wir konnten es.

„Wie viele Stäbe sind in den Jalousien am Vorderfenster?" „Beschreibe detailliert jeden Menschen, der hier ist." „Wie viele Gläser und Flaschen stehen auf jedem Tisch?"

Wir hatten die Magie des bewussten Sehens entdeckt.

Jahre später arbeitete ich mit Hal Silverman, einem anderen Freund. Hal ist ein Künstler und einer von diesen irritierenden Menschen, die zeichnen können, was sie sehen. Er zeichnete einen Stuhl. „Wow", sagte ich, „das schaut super aus – genau wie ein Stuhl. Ich wünschte, ich könnte so was."

„Was?", fragte er.

„Etwas zu zeichnen, das wirklich so aussieht, wie es ist."

„Warum kannst du das nicht?"

„Ich weiß nicht, ich kann es einfach nicht. Würde ich versuchen, diesen Stuhl zu zeichnen, würde höchstwahrscheinlich etwas herauskommen, das vielleicht einem Huhn ähnlich sieht, aber niemals einem Sessel."

„Irgendetwas nicht in Ordnung mit dir?"

„Was willst du damit sagen?", fragte ich.

„Kannst du Zahlen und das Alphabet schreiben? Kriegst du deinen Namen auf die Reihe?"

„Na sicher."

„Leidest du an Veitstanz oder Arthritis oder Dyslexie oder etwas Ähnlichem?"

„Nein."

„Deine Augen sind auch okay?"

„Ja klar."

„Wieso kannst du dann nicht zeichnen, was du siehst?"

„Ich weiß nicht, ich kann es einfach nicht."

Hal schüttelte seinen Kopf. „Wenn es nichts Physisches ist, das dich davon abhält, einen Stuhl zu zeichnen, muss es etwas Mentales sein."

„Häh?"

„Du hast deine motorischen Funktionen gut unter Kontrolle, deine Augen sind in Ordnung, du bist auch sonst nicht krank, wenn du dann noch immer keinen Stuhl zeichnen kannst, dann kann das nur daran liegen, dass du den Stuhl nicht siehst."

„Natürlich kann ich den Stuhl sehen."

„Na, das hoffe ich! Du kannst es, aber machst es nicht."

„Was meinst du damit, ich mache es nicht?"

„Wenn du den Stuhl wirklich sehen würdest, könntest du ihn auch zeichnen. Hier", sagte er, hob den Stuhl auf und reichte ihn mir, „schaue ihn dir zehn Minuten lang an. Studiere ihn. Nimm ihn geistig auseinander. Dann füge ihn wieder zusammen. Studiere sein Design, seine Form, seine Größe, sein Material, seine Konstruktion, seine Farben. Schau, wie sich jedes Stück Holz in ein anderes fügt und wie diese Teile hier nach innen und diese nach außen gebogen sind. Konzentriere dich. Mache dir geistig Notizen. Nimm zur Kenntnis, dass der Rücken länger als die Beine, der Sitz breiter als der Rücken, die Sitzfläche vorne breiter ist als hinten, die Beine leicht nach außen gedreht und die Rückenlehne nach hinten geneigt ist. Zähle die Mittelstäbe, beobachte die unterschiedliche Ausarbeitung der Beine und der Armlehnen. Schaue ihn dir auf den Kopf gestellt, von den Seiten, von hinten an. Betrachte ihn. Bearbeite ihn mit deinem Blick. Wenn du das machst, wirst du wahrscheinlich in den nächsten zehn Minuten mehr über diesen Stuhl erfahren als über jeden anderen Stuhl in deinem Leben. Und wenn du damit fertig bist, wirst du in der Lage sein, etwas zu zeichnen, das wirklich wie das Ding aussieht, über das du gerade etwas erfahren hast."

Ich machte, was er mir riet. Und er hatte Recht. Nach zehn Minuten war ich fähig, etwas zu zeichnen, das irgendwie einem Stuhl ähnlich sah. Na ja, die Beine glichen eher denen eines Huhnes, aber trotzdem, meine Zeichnung sah wirklich annähernd wie ein Stuhl aus.

Es wird wahrscheinlich kaum notwendig sein zu betonen, dass man in der Lage ist, sich an mehr von dem, was man gesehen hat, zu erinnern, wenn man die Dinge wie Bob Bean und Hal Silverman betrachtet.

Ich sage nicht, dass man sich an alles erinnert. Niemand kann das. Ich behaupte auch nicht, dass Sie jemals so gut wie Hal Silverman Dinge zeichnen werden. Manche Menschen sind auf manchen Gebieten einfach besser als andere.

Doch ich sage Ihnen, dass Sie mehr sehen und sich an mehr erinnern werden, als Sie sich jemals erträumt haben, sobald Sie endlich anfangen, achtsam mit Ihren Augen zu arbeiten. Sie können sich mehr über die Menschen merken, die Sie treffen, die Plätze, die Sie aufsuchen, und die Dinge, die Sie lesen.

Und je mehr Sie sich merken können, umso mehr Elemente werden Sie bei der Ideengewinnung zu Ihrer Verfügung haben.

Aber Sie müssen sich verdammt noch einmal selbst darum kümmern. Tag und Nacht.

So können Sie beginnen:

Morgen früh, auf Ihrem Weg zur Arbeit oder während Ihrer ersten Kaffeepause kaufen Sie ein Notizbuch. Keines mit Blättern zum Abtrennen. Ein gebundenes – etwas, das Dauerhaftigkeit ausstrahlt. Danach schreiben Sie jeden Tag etwas auf, das Sie gesehen haben. Jeden Tag. Es macht keinen Unterschied, was Sie beschreiben, nur, dass Sie etwas sehen und das auch festhalten. (Wenn Sie zusätzlich in ein paar Zeilen Ihre Gedanken darüber zu Papier bringen möchten, nur zu. Im Grunde haben das Thomas Wolfe und Hunderte andere Autoren auch getan.)

Wenn Ihr Notizbuch voll ist, setzen Sie sich hin, lesen Sie Ihre Aufzeichnungen! Dann kaufen Sie ein neues Heft und beginnen von vorne. Und noch eines. Und noch eines.

Für den Rest Ihres Lebens.

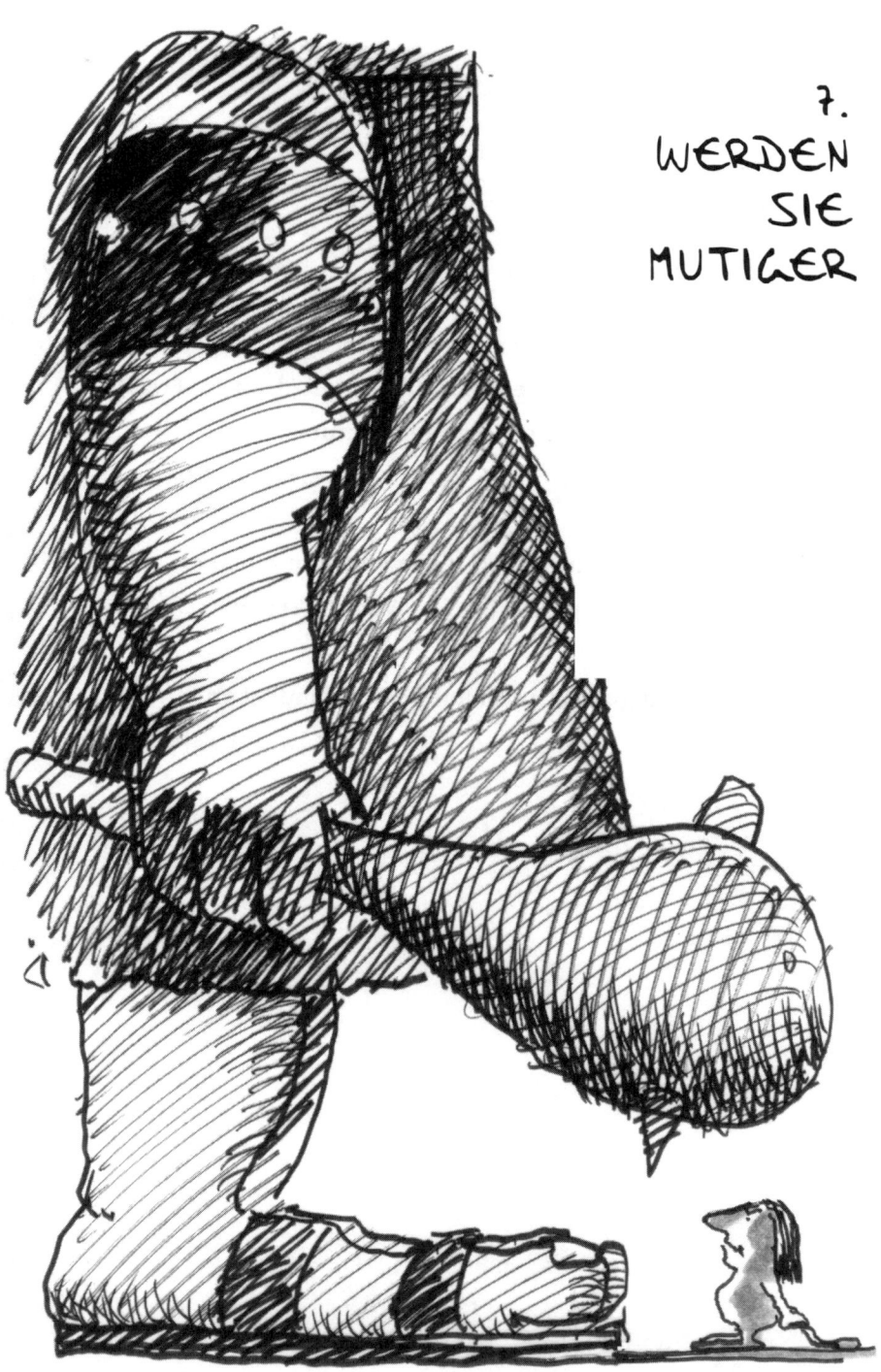

7.
WERDEN
SIE
MUTIGER

Ehrlich gemeinte Kritik ist schwer einzustecken,
vor allem, wenn sie von einem Familienmitglied, einem Freund,
einem Bekannten oder einem Fremden kommt.

FRANKLIN P. JONES

Ich habe keine Angst zu sterben. Ich möchte nur einfach
nicht da sein, wenn es passiert.　　WOODY ALLEN

Nenne keinen Alligator „Großmaul", bevor du nicht an ihm
vorbei bist.　　　　　　　　JAMAIKANISCHES SPRICHWORT

Wie ich schon sagte, Mut und Neugier scheinen die beiden Charaktereigenschaften zu sein, durch die sich kreative Menschen vor ihren Artgenossen auszeichnen. Aber warum haben sie manche Menschen und andere nicht? Und wenn man sie nicht hat, was kann man dagegen tun?

Im letzten Kapitel haben wir uns über Neugier unterhalten und wie man bewusst Dinge unternimmt, die neugierige Menschen ganz natürlich machen.

Aber wie können wir mutiger werden?

„Eine Idee ist eine empfindliche Angelegenheit", sagte Charles Brower, der Leiter einer Werbeagentur. „Sie kann durch ein höhnisches Grinsen oder Gähnen ‚gekillt', sie kann durch eine Stichelei vernichtet und durch ein Stirnrunzeln der richtigen Person bis ins Mark erschüttert werden."

Ich glaube, das ist der Grund, warum sich viele Menschen ihrer Ideen beraubt fühlen.

Sie sind auf zu viele höhnische Grinser und Gähner gestoßen, sie haben zu viele Sticheleien gehört. Also sagten sie „zum Teufel damit" und bemühten sich nicht einmal mehr, Ideen zu bekommen.

Die Angst vor Ablehnung schließt die Tore Ihrer „Ideenfabrik".

Ich kann Ihnen nicht erzählen, wie Sie genug Mut aufbringen, um weiterzumachen und die Zweifel, hochgezogenen Augenbrauen und gerümpften Nasen zu ignorieren, die Sie womöglich erwarten dürfen, wenn Sie den Menschen erzählen, was Ihnen so durch den Kopf geht.

Ich kann Ihnen nur eindringlich raten: Seien Sie mutig. Trainieren Sie Ihren Mut. Nähren Sie Ihre Tapferkeit.

Ich werde damit helfen, fünf Dinge in Erinnerung zu rufen, die Sie sich immer vergegenwärtigen sollten:

1. JEDER HAT ANGST – JEDER

Je kreativer Sie von Natur aus sind, desto ängstlicher erleben Sie wahrscheinlich Ihre Welt, da Ihre Antennen feiner ausgerichtet sind und Sie sich dessen, was andere Menschen denken, eher bewusst sind, deren Gefühlen sensibler gegenüberstehen, durch deren Aktionen eher emotional betroffen sind. Also ist es nur natürlich, wenn Sie ängstlich werden, sich beklommen und eingeschüchtert fühlen.

Im Angesicht solcher Angst braucht man Mut, um das Glas zu erheben.

Aber Mut – wie das Kierkegard und Hemingway und Nietzsche und Sartre und Camus und andere herausstreichen – bedeutet nicht Angstlosigkeit. Mut treibt voran, trotz all der Gefahren, trotz Angst und Verzweiflung.

„Kreativität ist gefährlich" schreibt Robert Grudin in seinem Buch The Grace of Great Things (Der Reiz großartiger Dinge).

„Wir können uns nicht für neue Einsichten öffnen, ohne die Sicherheit unserer bisherigen Annahmen in Gefahr zu bringen. Wir können keine neuen Ideen einbringen, ohne Missfallen und Zurückweisung zu riskieren."

Trotzdem sollten Sie nicht vergessen, dass die Menschen, die höhnisch grinsen oder sticheln, ebenso Angst haben.

Abgesehen davon sind Ideen von Natur aus destruktiv. Sie vermögen die Welt zu verändern. Und je origineller eine Idee ist, umso radikaler ist die dadurch zu erwartende Veränderung. Und je mehr Veränderungen vor sich gehen, desto bedrohter fühlen sich viele Menschen, desto dramatischer stellen sie ihre Glaubensgrundsätze und Handlungen in Frage, desto mehr fürchten sie um ihre Jobs und ihre Zukunft.

Also, das nächste Mal bekämpfen Sie Ihre Angst und platzen mit Ihrer Idee heraus. Und wenn es nur dazu taugt, Ihrem Gegenüber Angst einzujagen.

2. ES GIBT KEINE SCHLECHTEN IDEEN

Madame Curie hatte eine „schlechte" Idee, und es stellte sich dann heraus, dass sie das Radium entdeckt hatte.

Richard Drew hatte eine „schlechte" Idee, die sich dann als durchsichtiger Klebestreifen (Tixoband) entpuppen sollte.

Joseph Priestley erfand das Sodawasser, während er die chemische Zusammensetzung der Luft untersuchte.

Blaise Pascal erfand das Roulette, während er mit beständiger Bewegung experimentierte. Vulkanisierter Gummi wurde „zufällig" von Goodyear entdeckt. Genau wie klopffestes Benzin von der Firma Kettering, elektrischer Strom von Galvani, Kartoffelchips von einem unbekannten Küchenchef in einem Saratoga Springs Hotel, die Immunologie von Pasteur, Röntgenstrahlen von Röntgen, das Teleskop von Lippershey, das herkömmliche fotografische Verfahren von Daguerre, Radioaktivität von Becquerel, Streichhölzer von Walker, Penizillin von Fleming.

Auch Amerika wurde von Kolumbus durch Zufall entdeckt.

Die Moral von der Geschichte? Weinen Sie niemals über verschüttete Milch, sondern finden Sie eine Verwendungsmöglichkeit dafür. Oder erfinden Sie bessere Milchkartons.

3. SIE KÖNNEN IMMER EINE WEITERE IDEE HABEN – WAHRSCHEINLICH SOGAR EINE BESSERE

In der Werbung werden Ideen immer abgewiesen. Das liegt in der Natur des Geschäftes.

Und wenn sie abgewiesen werden, „meckern" Sie darüber. Sie meckern und beschweren sich und fluchen und machen leere Drohungen und trinken zu viel beim Mittagessen und gehen früher nach Hause, um dort Ihre Kinder niederzubrüllen.

Ralph Price, ein Art Director einer Werbeagentur, mit dem ich früher zusammenarbeitete, zeigte eine andere Reaktion, eine, die ich mir im Laufe der Jahre versuchte anzugewöhnen.

„Ratten", pflegte ich zu sagen, während ich das Gebäude des Kunden verließ. „Das war eine großartige Kampagne, die sie gerade abgelehnt haben."

„Wow, das ist super!", würde Ralph dann entgegnen. „Jetzt können wir eine wirklich tolle Kampagne gestalten."

Sehen Sie, Ralph wusste nicht nur, dass es immer eine andere Idee geben würde, er war auch sicher, dass es immer eine bessere sein würde. Falls nicht, was hatten wir dann in der Werbebranche zu suchen? Es war unser Job, mit neuen Ideen aufzuwarten. Und wenn wir nicht in der Lage wären, irgendeine unserer früheren Ideen auszustechen – wenn unsere letzte Idee die beste gewesen wäre, die uns je eingefallen ist –, dann könnten wir genauso gut mit unserer Arbeit aufhören. Wir würden uns auf dem absteigenden Ast befinden und unsere Chefs mit Sicherheit bald jemanden mit besseren Ideen finden.

Deshalb sah Ralph eine Ablehnung nie als Niederlage an. Es war vielmehr ein Anreiz, etwas besser zu machen.

Aber selbst wenn Sie Ralph nicht nacheifern wollen, sofern Ihre Idee nicht akzeptiert wird, sollten Sie nicht vergessen, dass es Ihnen zumindest gelungen ist, herauszufinden, was nicht funktioniert, und das sollte Ihnen helfen, eine Idee zu bekommen, die funktioniert.

Auf alle Fälle hat es Edison geholfen. Als er versuchte, eine Glühbirne herzustellen, probierte er über tausend Ideen aus, bevor er die Form fand, die funktionierte.

Ray Bradbury schrieb zehn Jahre lang mindestens eine Kurzgeschichte pro Woche, bevor ihm eine gelang, bei der sich seine Nackenhaare aufstellten.

Kepler benötigte für seine Bemühungen, die Umlaufbahn des Mars zu berechnen, neun Jahre. Er füllte in seiner kleinen Handschrift 9000 Folioblätter mit Berechnungen, bis er schließlich zu dem Ergebnis kam, dass sich die gesuchte Umlaufbahn nicht kreisförmig, sondern ellipsenförmig bewegt.

Also glauben Sie nicht, dass Ihre Idee die letzte ist. Es ist nur der Anfang einer neuen.

4. NIEMAND WURDE BISLANG KRITISIERT, WEIL ER ZU VIELE IDEEN HATTE

Vielleicht ist eine Ihrer Blockaden die Angst, dass Ihr Ruf, ja sogar Ihre Zukunft von der Idee abhängt, die Sie gerade vorschlagen wollen.

Vielleicht trifft das auch zu und Ihr Stern fällt, vielleicht werden Sie ausgelacht, oder vielleicht wird Ihre Idee nicht funktionieren und die Firma, in der Sie tätig sind, ruinieren – und Sie werden gefeuert, Ihre Familie wird Sie verstoßen und Sie sterben arm, einsam und verlassen.

Okay, in so einem Fall sollten Sie vielleicht nicht all Ihre Träume auf diese eine Idee setzen. Auf diese Weise werden Sie als „das Genie mit den vielen Ideen" und nicht als „der Trottel mit der unmöglichen Idee" bekannt sein.

5. ES IST WERT, EINE IDEE ZU BEKOMMEN

Es ist ein großartiges Gefühl – man schwingt sich über die Zäune und gibt den Dingen Zusammenhang.

Es gibt nichts Vergleichbares. Sie sitzen in einem Zimmer und versuchen, eine Idee zu bekommen, eine Lösung, einen möglichen Weg, und nichts passiert, und es gibt nichts außer Wänden und Barrieren und verschlossenen Türen und Stoppschildern und Sackgassen, und Sie sind frustriert und beunruhigt und fragen sich, ob Sie jemals einen Weg aus diesem Irrgarten finden, aus diesem Käfig, dieser Falle – und dann, völlig unerwartet, macht es „Klick" und „Wumm", und Sie sehen das ganze Ding plötzlich vor Ihrem inneren Auge, alles auf einmal, gelöst, alles passend und funktionierend. Wow!

„Der kreative Prozess ist die tapferste Leistung des Bewusstseins", sagte Robert Grudin, „ein Abenteuer, das seinen Helden gleichzeitig zu den Rändern des Wissens und an die Grenzen des Anstandes treibt. Seine Leidenschaft ist nicht die Behaglichkeit des sicheren Hafens, sondern die Aufregung des Segelsetzens."

Schwingen Sie sich über die Zäune. Riskieren Sie den Bankrott.

Im Vergleich zur Aufregung des Segelsetzens ist ein sicherer Hafen fader Brei.

8. REVIDIEREN SIE IHRE DENKWEISEN

Viele Menschen würden eher sterben als denken. Eigentlich tun sie das auch.   BERTRAND RUSSEL

Sechzig Minuten Denken jeglicher Art führt zwangsläufig zu Verwirrung und Traurigkeit.   JAMES THURBER

Eine Entscheidung ist der Augenblick, in dem man des Denkens überdrüssig geworden ist.   MARTIN H. FISCHER

Die Art, wie Sie denken, wirkt sich darauf aus, was Sie denken und auch, welche Gedanken in Ihr Bewusstsein gelangen.

Und je mehr verschiedene Arten von Gedanken Sie haben, desto mehr Ideen ermöglichen Sie damit potenziell.

Im Folgenden finden Sie ein paar verschiedene Arten zu denken:

VISUELLES DENKEN

Wir alle wurden dazu erzogen, in Worten zu denken. Und wenn wir heute einen Gedanken haben – egal welchen –, ist es wahrscheinlich in Form einer Aussage. „Gut Ding braucht Weil." „Die Welt ist ein einziges Chaos." „Nichts fördert das Vertrauen mehr als Erfolg."

Doch viele der kreativsten Köpfe der Geschichte dachten vielmehr in Bildern als in Worten.

Einstein erklärte, dass er nur selten in Worten denke. Fast alle Ideen gelangen ihm primär in Form von Bildern, die er erst später in Worten oder Formeln auszudrücken versuchte.

William Harvey, der Entdecker des großen Blutkreislaufes, betrachtete das freiliegende Herz eines lebenden Fisches und „sah" plötzlich, dass es wie eine Pumpe funktioniert.

Für Frank Lloyd Wright waren Häuser keine eigenständigen Konstruktionen, sondern integrale Bestandteile der Landschaft.

Alfred Wegener bemerkte, dass die Westküste von Afrika mit der Ostküste von Südamerika zusammenpasst, und sah sofort, dass unsere heutigen Kontinente früher einen einzigen Urkontinent bildeten.

Man Ray sah den Torso einer Frau als Cello.

Einstein fragte sich, wie die Welt wohl für jemanden aussehen würde, der sich auf einem Lichtstrahl durch den Weltraum bewegen könnte.

Um das Prinzip der Unendlichkeit zu erfassen, malte sich der Mathematiker David Hilbert ein Hotel mit unendlich vielen Zimmern aus, die alle belegt waren. Dann stellte er sich einen neuen Gast vor, der nach einem Zimmer fragt. „Aber natürlich", antwortete der Hotelbesitzer und verlegte den Gast von Zimmer eins in Zimmer zwei, den Gast von Zimmer zwei in Zimmer drei, den Gast von Zimmer drei in Zimmer vier und so weiter ad infinitum. So machte er für den neuen Gast ein Zimmer frei.

Lord Kelvin hatte die Idee für das Spiegelgalvanometer, als er die Reflexion des Lichtes auf seinem Monokel bemerkte.

Freud kam auf die Idee, dass die Menschen ihre Triebe sublimieren, als er einen Comicstrip studierte – das erste Bild zeigte ein kleines Mädchen, das mit einem Stock eine Schar Gänse hütet; das zweite Bild zeigte sie als Erzieherin, die mit einem Regenschirm eine Schar junger Mädchen hütet.

Niels Bohr stellte sich bildlich vor, dass ein Atom wie unser Sonnensystem aussieht.

Newton erkannte beim Anblick eines Apfels, der zu Boden fiel, dass sich die Gravitation auf einen Apfel ebenso auswirkt wie auf den Mond.

Und viele kreative Menschen, mit denen ich zusammengearbeitet habe, denken auch in Bildern statt in Worten.

Wenn Ihr Unternehmen neue Kunden gewinnt, die Verkaufszahlen aber dennoch sinken, müssen Sie an einen undichten Eimer denken.

Wenn Sie eine Idee für eine Werbung brauchen, z. B. für die Firma Masterlock, die Sicherheitsschlösser verkauft, stellen Sie sich das Schloss nicht als Schloss vor, sondern als Wächter oder als Wachhund oder als Versicherungspolice für Ihr Haus, als Ihr Auto oder Ihren Schmuck oder als Leibwächter für Ihre Kinder oder als etwas, das so unverwüstlich erscheint, wie zum Beispiel der Felsen von Gibraltar.

Als Bill Bartley, Art Director einer Werbeagentur, den Auftrag für eine Werbekampagne bekam, bei der es um den Hauptartikel einer Firma gehen sollte, sah er vor seinem geistigen Auge sofort Bilder von Churchill, wie er gerade sein berühmtes Victory-Zeichen macht, und von dem legendären Südstaatengeneral Robert E. Lee auf dem Schlachtfeld und vom Footballcoach Vince Lombardi, der von seinem Team jubelnd vom Spielfeld getragen wird.

Solche Leute denken nicht in Worten; sie denken in Bildern, in Beziehungen, in Metaphern, in Ideen.

„Wenn Sie eine bildliche Idee haben", erklärte mir einer von ihnen, „sind die Worte kein Problem mehr." Und er hatte Recht.

Wenn Sie sich ein Schloss als Wächter oder Hund vorstellen, ist es leicht, einen passenden Slogan zu finden, wie z. B. „Masterlock. Ein Wächter, der niemals schläft." oder „Endlich ein Wächter, der nie auf Urlaub geht." oder „Masterlock. Der erste Wachhund, den Sie nicht füttern müssen." oder „Wir nennen unseren Wachhund Masterlock."

Sobald Sie sich Ihre sinkenden Verkaufszahlen als ein kaputtes Spielzeug oder einen ertrinkenden Mann oder eine veraltete Speisekarte vorstellen, können Sie beginnen, das Spielzeug zu reparieren, einen Rettungsring zu werfen oder neue Gerichte anzubieten.

Wenn Sie sich das Problem, dass Sie für Ihr Lebensmittelprodukt mehr Platz im Regal brauchen, bildlich vorstellen und an einen überfüllten Autobus, eine volle Badewanne oder an einen Koffer denken, der nicht mehr zugeht, werden Sie viel schneller eine Idee haben, wie Sie doch noch Platz im Regal schaffen können, obwohl es scheinbar schon voll ist.

Wenn Sie die Verzögerungen in der Herstellung oder im Vertrieb als einen Flaschenhals oder einen Flussdamm oder ein stecken gebliebenes Auto sehen, können Sie sich sofort darauf konzentrieren, den Flaschenhals zu erweitern, den Damm zu umschiffen oder den Motor wieder in Gang zu bringen.

Wenn Sie also das nächste Mal vor einem Problem stehen, versuchen Sie, es sich bildlich vorzustellen, anstatt es in Worten auszudrücken.

Wie sieht das Problem aus? Woran erinnert es mich? Welches Bild ruft es mir vor Augen?

LATERALES DENKEN

Wir wurden auch dazu erzogen, linear oder vertikal zu denken, ordentlich einen Stein auf den anderen zu legen, in logischer Reihenfolge von einem Punkt zum nächsten zu schreiten, bis wir zu einer vernünftigen Schlussfolgerung kommen.

Diese Denkweise ist analytisch, folgerichtig, zweckmäßig. Wenn etwas auf unserem bisherigen Weg keinen Sinn ergibt, bleiben wir stehen und schlagen eine andere Richtung ein. Wir machen einen logischen Schritt nach dem anderen, bis wir zu einem fundierten Ergebnis gelangen.

Doch es gibt noch eine andere Art des Denkens, die durch Edward de Bono bekannt wurde, das so genannte laterale Denken.

Laterales Denken bedeutet Sprünge zu machen. Sie müssen nicht der logischen Schiene allein folgen; Sie können Abstecher auf Seitenstraßen machen, die scheinbar nirgendwo hinführen.

Rein vom Ergebnis aus betrachtet, lässt sich garantiert nicht nachvollziehen, ob ein Problem durch laterales oder vertikales Denken gelöst wurde. Das liegt daran, dass alle guten Lösungen einen Sinn ergeben und deshalb ein logischer Weg zu ihnen führt.

Doch obwohl die meisten Lösungen im Nachhinein offensichtlich sind, kann man sich bei manchen Lösungen schwer vorstellen, dass sie auf logische Weise gefunden wurden.

Lassen Sie mich ein Beispiel geben:

Eine kleine Firma hatte Schwierigkeiten mit der Pünktlichkeit der Mitarbeiter. Es schien, als würden die 20 Angestellten jede Woche noch später zur Arbeit kommen.

Der Besitzer der Firma sprach mit jedem Einzelnen der 20 Leute (eine vertikale Lösung). Die Situation verbesserte sich ein wenig, aber nicht viel.

Dann rief er alle zusammen und sprach das Problem noch einmal an (wieder eine vertikale Lösung). Die Situation verbesserte sich zwar vorübergehend, doch nach einem Monat war alles wieder beim Alten.

Dann tat er etwas, was das Problem ein für alle Mal löste.

Mit einer Sofortbildkamera fotografierte er das Büro alle 15 Minuten. Das erste Foto machte er um 9.00 Uhr morgens, wenn das Büro geöffnet wurde. Zu Mittag hängte er die Fotos auf das schwarze Brett und schrieb die Zeiten daneben.

Auf dem Foto von 9.00 Uhr war niemand im Büro.

Auf dem Foto von 9.15 Uhr waren zwei Angestellte zu sehen.

Auf dem Foto von 9.30 Uhr saßen acht Leute auf ihrem Platz.

Auf dem Foto von 10.00 Uhr fehlten immer noch fünf Mitarbeiter.

Die Bilder, die er am nächsten Tag machte, zeigten bereits eine gewisse Verbesserung; die vom übernächsten Tag eine beträchtliche.

Und am Ende der Woche waren alle Angestellten pünktlich um 9.00 Uhr im Büro. Nach einer weiteren Woche hörte der Besitzer der Firma auf, Fotos zu machen. Seitdem hatte er mit der Pünktlichkeit seiner Mitarbeiter keine Probleme mehr.

Hätte er diese Lösung durch logisches, vertikales Denken finden können? Wahrscheinlich.

Hat er? Ich bezweifle es.

Ich möchte noch ein Beispiel anführen:

Es wird erzählt, dass eine große amerikanische Telefongesellschaft mit Sitz im Mittleren Westen kurz nach dem Koreakrieg ein großartiges Schulungsprogramm für die Vorgesetzten von Telefonisten entwickelte.

Die Teilnehmer der Schulung wurden zu absoluten Spitzenleuten ausgebildet. Das Programm bekam viel Lob, wurde in Zeitschriften erwähnt und erregte bei anderen Unternehmen viel Aufmerksamkeit.

Doch es gab ein Problem: Die Absolventen waren so gut, dass die meisten von ihnen gleich nach Beendigung der Schulung von anderen Unternehmen abgeworben wurden.

Eine Autofirma braucht vielleicht drei oder vier Vorgesetzte für ihre Kommunikationsabteilung; eine Erdölfirma fünf oder sechs; die kanadische Regierung zehn. Und natürlich waren da noch die anderen Telefongesellschaften, die sich die Schulungsabsolventen „unter den Nagel rissen".

Die Telefongesellschaft versuchte alles, um ihre Leute zu halten – sie gab ihnen mehr Geld, beeindruckende Titel, sie ließ eine „Ehrenwand" errichten, auf der die Namen dieser Mitarbeiter eingraviert wurden, sie stattete sie mit teurer Arbeitskleidung aus, sie schickte den Ehegatten Blumen zum Hochzeitstag, sie gab ihnen mehr Urlaub – alles umsonst.

Die anderen Unternehmen boten ihnen einfach noch mehr Geld und noch beeindruckendere Titel und noch mehr Urlaub.

Sie können sich sicher vorstellen, dass die Leitung der Telefongesellschaft jede Menge Konferenzen abhielt, bei denen man nach Möglichkeiten suchte, die Absolventen zu halten. Bei einer dieser Besprechungen verlor ein Manager die Selbstbeherrschung und rief: „Am liebsten würde ich ihnen die Beine abhacken – dann könnten sie nicht mehr weggehen."

Alle lachten. Außer einem, der meinte: „Ja, natürlich, das ist es."

„Was ist was?", fragte sein Chef.

„Nun, wir werden einfach nur noch Rollstuhlfahrer für das Programm aufnehmen", sagte er. „Wir werden unsere Eingänge, unsere Aufzüge und unsere Toiletten umbauen. Wir werden ihnen umgebaute Dienstautos zur Verfügung stellen. Wir werden mit Ärzten und Physiotherapeuten zusammenarbeiten und Trainingsprogramme entwickeln. Wir werden ...“

Und genau das taten sie.

Und die anderen Firmen versuchten nicht mehr, die Absolventen abzuwerben, weil sie wussten, dass sie ihre Eingänge und Aufzüge und Toiletten umbauen und behindertengerechte Autos kaufen müssten usw.

Und die ganze Sache kam ins Rollen, weil jemand die Idee hatte, „ihnen die Beine abzuhacken" – eine äußerst unlogische Lösung.

Das ist laterales Denken.

Edward de Bono schrieb einige Bücher, in denen er den Unterschied zwischen lateralem und vertikalem Denken erklärt und zeigt, wie man Probleme durch laterales Denken löst. Ich kann Sie Ihnen nur empfehlen.

GEHEN SIE NICHT VON GRENZEN AUS, DIE GAR NICHT EXISTIEREN

Wenn Sie wie die meisten Menschen sind, ist Ihr Denken in vielen Situationen eingeschränkt, weil Sie unbewusst davon ausgehen, dass es bei der Lösung eines Problems Grenzen gibt, die in Wirklichkeit gar nicht existieren.

Wenn Ihnen zum Beispiel jemand die Aufgabe stellt, vier Bäume so zu pflanzen, dass alle vier gleich weit voneinander entfernt sind, werden Sie vermutlich automatisch davon ausgehen, dass alle Bäume auf einem ebenen Stück Land gepflanzt werden müssen (mir ging es jedenfalls beim ersten Mal so). Also werden Sie versuchen, die Bäume wie vier Punkte auf einem Blatt Papier so anzuordnen, dass alle Punkte gleich weit voneinander entfernt sind, und schnell dahinterkommen, dass das nicht möglich ist.

Erst wenn Sie von der Annahme abgehen, dass alle vier Bäume auf einer Ebene stehen müssen, werden Sie die Aufgabe lösen können. Dann pflanzen Sie einfach einen Baum auf der Kuppe eines Hügels und die anderen Bäume auf den Seiten des Hügels, und Bingo – Aufgabe gelöst.

Doch bitte vergessen Sie nicht, dass Sie es waren, der primär die Lösung der Aufgabe verhindert hat, weil Sie davon ausgegangen sind, dass alle Bäume auf einer Ebene stehen müssen.

Oder nehmen Sie das berühmte Beispiel mit den neun Punkten und den vier Linien. (Sie kennen es vermutlich schon, aber das macht nichts;

es ist das klassische Beispiel für eingeschränktes Denken.) Neun Punkte sind auf folgende Art angeordnet:

Ihre Aufgabe ist es, diese Punkte mit vier geraden Linien zu verbinden, ohne eine Linie doppelt zu ziehen oder den Stift abzusetzen.

Solange Sie davon ausgehen (wie es die meisten Leute tun), dass die Linien nicht über die Punkte hinausgehen dürfen, ist die Aufgabe nicht lösbar. Gehen Sie von dieser Annahme ab, ist die Lösung nicht allzu schwierig. Beachten Sie, dass in der Aufgabenstellung nichts darüber gesagt wurde, ob die Linien über die Punkte hinausgehen dürfen oder nicht. Sie sind selbst unbewusst von dieser Einschränkung ausgegangen.

Früher bat ich meine Studenten manchmal, sich entlang einer Wand des Klassenzimmers aufzustellen, Papierflieger zu falten und sie zur gegenüberliegenden Wand zu schießen – eine Distanz von ungefähr sieben Metern. Sie falteten alle möglichen Flieger, doch keiner schaffte es bis zur anderen Seite.

Dann sagte ich: „Okay Leute, nun werdet ihr den Weltmeister im Langstrecken-Papierfliegerfalten in Aktion erleben." Ich zerknüllte ein

Blatt Papier zu einem Ball und warf ihn die sieben Meter bis zur anderen Wand. Bingo.

Wer sagt, dass Papierflieger wie Papierflieger aussehen müssen?

Und noch eine Aufgabe, die ich meinen Studenten gestellt habe:

„Stellt euch ein Stück Rohr vor. Es ist ungefähr einen halben Meter lang und hat einen Durchmesser, der etwas größer als ein Tischtennisball ist", sagte ich. „Ein Ende ist am Boden angeschweißt. Dann lasse ich einen Tischtennisball in das Rohr fallen, und nun geht es darum, dass ihr den Ball wieder aus dem Rohr herausholt. Für dieses Unterfangen stelle ich euch ein paar Dinge zur Verfügung, und zwar die Zeitung vom letzten Sonntag, ein Paar Lederhandschuhe, eine Schachtel Streichhölzer, einen 8-Zoll-Schraubenzieher, einen 35 Zentimeter langen Schnürsenkel, vier Zahnstocher, eine Packung Kaugummi und eine Rasierklinge."

Im Laufe der Jahre wurden mir Hunderte Ideen geliefert, wie man den Ball aus dem Rohr bekommt. Die meisten davon würden funktionieren; einige waren unglaublich einfallsreich.

Hier sind ein paar davon:

Man kann zum Beispiel den Schnürsenkel an den Griff des Schraubenziehers binden und den Schraubenzieher in das Rohr fallen lassen. Dann zerreißt man die Zeitung in lange Streifen und stopft sie mit so viel Druck in das Rohr, dass sich der Schraubenzieher in den Ball bohrt. Danach entfernt man die Streifen und zieht vorsichtig den Schraubenzieher samt Ball heraus.

Oder man verlängert den Schnürsenkel, indem man ihn an den

Mittelfinger eines Handschuhs bindet. Dann kaut man die Kaugummis und befestigt das andere Ende des Schnürsenkels daran. Als Nächstes lässt man den Kaugummi zum Ball hinunter, und wenn er trocken genug ist, um am Ball festzukleben, zieht man die Schnur nach oben.

Man kann auch die Finger der Handschuhe mit der Rasierklinge abschneiden und sie mit Zeitungspapier ausstopfen. Dann zündet man das Zeitungspapier in den abgeschnittenen Fingern mit den Streichhölzern an und hält einen nach dem anderen über das Rohr. Das Feuer verbrennt den Sauerstoff im Rohr und dadurch steigt der Ball nach oben. Wenn sich der Ball dem oberem Rand nähert, spießt man ihn mit einem Zahnstocher auf.

Eine weitere Möglichkeit besteht darin, ein Ende des Schnürsenkels um ein Streichholz, das andere Ende um den Schraubenzieher zu binden. Dann zündet man das Streichholz an und lässt es an der Schnur schnell in das Rohr hinunter. Wenn das angezündete Streichholz den Ball berührt, bleibt es daran kleben. Man lässt das Streichholz abkühlen und zieht es gemeinsam mit dem Ball nach oben.

Es war verblüffend, auf wie viele großartige Ideen meine Studenten kamen, was einmal mehr beweist, dass es unzählige Möglichkeiten gibt, ein Problem zu lösen.

Niemand hat jemals vorgeschlagen, Wasser in das Rohr zu schütten.

Der Grund dafür ist natürlich, dass meine Studenten (und Sie wahrscheinlich auch) sich darauf beschränkten, die Aufgabe mit den Dingen zu lösen, die ich ihnen gab. Doch ich habe ihnen nie vorgeschrieben, nur diese Dinge zu verwenden, um den Ball aus dem Rohr zu bekommen. Sie haben sich diese Beschränkung selbst auferlegt.

Wenn Sie das nächste Mal Schwierigkeiten bei der Lösung eines Problems haben, stellen Sie sich selbst die Frage: „Welche Dinge nehme ich an, die ich gar nicht annehmen müsste? Welche unnötigen Beschränkungen erlege ich mir selbst auf?"

SETZEN SIE EIN PAAR GRENZEN

„Moment mal", höre ich Sie jetzt sagen. „Haben Sie mir nicht gerade erklärt, dass ich mich selbst nicht unnötig einschränken soll? Und jetzt sagen Sie mir, dass ich doch ein paar Grenzen setzen soll. Also was denn nun?"

Die Einschränkungen, von denen ich vorher gesprochen habe, waren imaginäre Grenzen, unbewusste Annahmen, von denen wir bei der Lösung eines Problems oft ausgehen.

Jetzt beziehe ich mich jedoch auf das Bedürfnis nach einem Rahmen, innerhalb dessen man an einer Lösung arbeitet.

Ich weiß, dass das paradox klingt – Kreativität, die einen Rahmen braucht. „Sind Sie verrückt?", kann ich Sie sagen hören. „Der kreative Geist sollte uneingeschränkt umherstreifen, forschen, sich bewegen und überall nach Lösungen suchen können. Wenn Sie ihm Grenzen setzen, wird er zusammenschrumpfen wie ein Wurm in der Sonne."

Das stimmt. Es ist paradox. In seinem Buch The Courage to Create (Der Mut zur Kreativität) nennt Rollo May diesen scheinbaren Widerspruch ein „Phänomen". Doch er erklärt, dass die Kreativität selbst

Grenzen braucht, denn der kreative Akt entsteht aus dem Kampf des Menschen gegen das, was ihn einschränkt.

Ich möchte Ihnen ein Beispiel geben:

Wenn ich einem Team die Aufgabe gestellt habe, sich etwas auszudenken, z. B. einen Werbespot fürs Fernsehen, musste ich feststellen, dass die Leute ins Schleudern kamen, wenn ich ihnen völlige Freiheit ließ. Zu viel Freiheit ist Chaos. Doch wenn sie gezwungen waren, sich an die Richtlinien der kreativen Strategie zu halten (siehe Kapitel 10), und ein Budget, eine Länge von 30 Sekunden, ein Thema und natürlich ein Abgabetermin vorgegeben waren, fanden sie immer eine Lösung.

Joseph Heller kam zum selben Schluss: „Die Ideen kommen mir einfach. Ich kann sie nicht auf Knopfdruck hervorbringen. Sie fallen mir in einer Art von gesteuertem Tagtraum ein. Vielleicht hat es etwas mit den Regeln für das Werbetexten zu tun (was ich einige Jahre lang machte). Die Einschränkungen, denen diese Aufgabe unterliegt, bedeuten einen enormen Ansporn für die Kreativität."

„Kleine Räume disziplinieren den Geist; große Räume lenken ihn ab", sagte Leonardo da Vinci.

„T. S. Eliot hat ein Essay geschrieben", meinte Heller weiter, „in dem er ein Loblied auf die Regeln des Schreibens singt. Er vertritt darin die Ansicht, dass die brillantesten Ideen entstehen, die Kreativität ihren Höhepunkt erreicht, wenn man gezwungen ist, sich an gewisse Grenzen zu halten. Hat man jedoch völlig freie Hand, ist es sehr wahrscheinlich, dass man den Faden verliert."

Duke Ellington komponierte seine Musik für ganz bestimmte Instrumente und Musiker. „Es ist gut, wenn man sich Grenzen setzt", meinte er.

Walter Hunt hatte große finanzielle Schwierigkeiten. Er beschloss, etwas zu erfinden, das dringend gebraucht werde, etwas, das so einfach sei, dass er es in wenigen Stunden entwerfen könnte. Er erfand die Sicherheitsnadel.

Der „Caesar Salad" wurde erfunden, weil der Küchenchef gezwungen war, aus den Zutaten, die er zur Verfügung hatte, ein Gericht zu zaubern.

Beim Hühnereintopf oder beim Scheiterhaufen war es nicht anders und wahrscheinlich ist auch der gekochte Hummer so entstanden.

Dryden erklärte, dass er lieber gereimte Verse schreibe, weil „ich auf der Suche nach einem Reim schon oft auf einen sehr guten Gedanken kam."

Rollo May war derselben Überzeugung: „Wenn man ein Gedicht schreibt, entdeckt man, dass man durch die Notwendigkeit, seine Gedanken in eine bestimmte Form zu fassen, gezwungen ist, nach neuen Bedeutungen zu suchen. Im ständigen Bemühen, das Gedicht zu gestalten, scheidet man manche Ausdrucksweisen aus und wählt dafür andere. Im Verlauf dieses Prozesses gelangt man zu neuen und tieferen Bedeutungen, von denen man nie zu träumen gewagt hätte."

Die stimulierendste Beschränkung, die ich kenne, ist Zeit. Abgabetermine spornen einen dazu an, etwas zu erledigen.

Setzen Sie sich selbst eine Deadline!

9. LERNEN SIE, KREATIV ZU KOMBINIEREN

Er kann deines mit seinem schlagen und seines mit deinem.

FOOTBALL-TRAINER

BUM PHILLIPS

ÜBER DIE FÄHIGKEITEN VON

TRAINER DON SHULA

Mein Asthma scheint mich nicht mehr länger zu plagen, solange ich mich nicht in Gesellschaft von Hunden oder Zigarren aufhalte. Der Gipfel der Belastung wäre ein zigarrenrauchender Hund.

STEVE ALLEN

To Be is to Do. (Sein bedeutet Handeln.)

ROUSSEAU

To Do is to Be. (Handeln bedeutet Sein.)

SARTRE

Do Be Do Be Do.   SINATRA

Wenn eine „neue Idee nicht mehr oder weniger als eine neue Kombination alter Elemente ist", klingt es nur logisch, dass ein Mensch, der weiß, wie man alte Elemente miteinander kombiniert, eher zu neuen Ideen gelangen wird als jemand, der diese Fähigkeit nicht besitzt.

Hier folgen ein paar Vorschläge, die Ihnen beim Kombinieren helfen werden:

HALTEN SIE NACH ANALOGIEN AUSSCHAU

Ähnelt Ihr Problem anderen Problemen? Worin unterscheidet es sich von anderen?

Wenn der stärkste Trumpf Ihres Produktes oder Ihrer Dienstleistung Geschwindigkeit ist, welches ist das schnellste Produkt weltweit? Können Sie die Geschwindigkeit, die Sie aufbieten, mit jenem „Ding" vergleichen? Was ist das langsamste „Ding" weltweit? Können Sie es damit vergleichen?

Oder was, wenn es um Annehmlichkeit ginge? Oder Wirtschaft? Oder Abhängigkeit? Oder Einfachheit? Oder Dauerhaftigkeit? Oder um was auch immer? Was sind die angenehmsten, wirtschaftlichsten, abhängigsten, einfachsten, dauerhaftesten oder was auch immer Dinge oder Menschen oder Ideen, die Ihnen einfallen? Oder die unangenehmsten, kompliziertesten, fragilsten oder was auch immer Dinge oder Menschen oder Ideen, die Ihnen einfallen?

BRECHEN SIE DIE REGELN

Jede Aktivität impliziert ihre eigenen Regeln und Gesetzmäßigkeiten und Methoden, Dinge zu tun. Sie mögen nicht in Stein gemeißelt sein, aber sie sind tief in das Bewusstsein der Menschheit eingraviert. Verlassen Sie sich darauf.

Die meisten großen Fortschritte in Wissenschaft und Kunst – eigentlich in allen Bereichen – sind die Leistung von irgendjemanden, der konventionelle Regeln gebrochen hat.

Van Gogh brach Regeln, die festsetzten, wie eine gemalte Blume aussehen sollte.

Picasso brach Regeln, die besagten, wie das gemalte Gesicht einer Frau auszusehen hat.

Freud brach Regeln, die zur Behandlung von (Geistes-)Krankheiten anerkannt waren.

Pasteur brach Regeln, die vorgaben, wie man Krankheiten zu behandeln hat.

Lobatchewsky brach Regeln der euklidischen Geometrie.

Dick Fosbury brach Regeln des Hochsprungs.

Hank Lusetti brach Regeln, die vorschrieben, wie man einen Basketball zu werfen hat.

Pete Gogolak brach Regeln, wie man einen Fußball schießen sollte.

Strawinsky brach Regeln, die besagten, wie Ballettmusik klingen sollte.

Beethoven brach Regeln, die vorschrieben, wie eine Sinfonie klingen sollte.

David Ogilvy brach Regeln, wie Werbetexte klingen sollten.

Gerard Manley Hopkins brach Regeln, wie Gedichte klingen sollten.

E. E. Cummings brach Regeln, wie Gedichte aussehen sollten.

Charles Eames brach Regeln, wie ein Sessel aussehen sollte.

Eero Saarinen brach Regeln, wie ein Tisch aussehen sollte.

Gaudí brach Regeln, wie ein Gebäude aussehen sollte.

Henry Ford brach Regeln, die vorschrieben, wie viel ein Arbeiter verdienen sollte.

Carême brach Regeln, die vorschrieben, was ein Dessert sein sollte.

Fanny Farmer brach Regeln, die vorschrieben, was ein Kochbuch sein sollte.

Wir könnten den Rest des Tages damit fortfahren; vielleicht sogar die ganze Woche. Es genügt wohl, wenn ich sage, dass Regeln eine großartige Möglichkeit sind, um Ideen zu bekommen. Alles, was Sie machen müssen, ist, sie zu brechen.

SPIELEN SIE „WAS WÄRE, WENN?"

„Was wäre, wenn?" ist das Spiel, das viele Menschen in Werbeagenturen spielen, wenn sie versuchen, einen neuen Weg zu finden, um die Vorteile eines Produkts oder einer Dienstleistung ins günstigste Licht zu rücken.

Was wäre, wenn wir das Produkt oder die Dienstleistung in einen Menschen verwandeln würden, welchen Typ Mensch würde das dann ergeben? Einen Mann? Eine Frau? Einen Lastwagenfahrer? Einen Künstler? Einen Basketball-Spieler? Was würde dieser Mensch sagen? Wie würde er agieren? Wie würde sich dieser Mensch anhören? Wie würde er denken?

Was wäre, wenn wir das Produkt oder die Dienstleistung in ein Tier verwandeln würden, welche Gattung würden wir wohl erhalten?

Was, wenn wir das Produkt kleiner machten? Oder größer? Oder eine andere Form wählten? Oder eine andere Farbe? Oder es leichter gestalten würden? Oder schwerer? Oder es anders verpacken würden? Oder doppelt so stark machen würden? Oder nur halb so verlässlich? Oder doppelt so langlebig?

Was wäre, wenn wir die Dienstleistung schneller machten? Oder billiger? Oder bequemer? Oder freundlicher? Oder weniger freundlich? Oder weniger effizient?

Wenn wir dem Produkt oder der Dienstleistung etwas hinzufügen könnten, was wäre das?

Wenn wir etwas weglassen könnten, was könnte das sein?

Was wäre, wenn wir es heute zum ersten Mal plötzlich erfinden oder entdecken würden, wie würden wir es vorstellen?

Was wäre, wenn eine Frau vom Mars dieses Produkt oder diese Dienstleistung sehen würde? Wie würden Sie Ihr Werbeobjekt dieser Frau verdeutlichen? Was würde sie denken? Würde sie jemals für Ihr Offert Interesse zeigen?

Was wäre, wenn der größte Vorteil dieses Produkts oder dieser Dienstleistung plötzlich verboten wäre, was würden Sie tun?

Was wäre, wenn niemand diesen Pluspunkt wollte? Was wäre, wenn jeder diesen Vorteil wollte?

Was wäre, wenn wir in der Lage wären, diesen Vorteil doppelt so wirksam zu machen? Oder halb so wirkungsvoll? Oder doppelt so wichtig für die Menschen? Oder halb so wichtig? Oder leichter erhältlich? Oder schwerer erhältlich?

Was wäre, wenn ausschließlich dieses Produkt oder diese Dienstleistung diesen Vorteil bieten würde? Was wäre, wenn alle Produkte oder Dienstleistungen der Konkurrenz über diesen Vorteil verfügten?

Was wäre, wenn wir uns in das 19. Jahrhundert zurückversetzen könnten – wie würden die Menschen aus dieser Epoche auf unser Produkt oder auf unsere Dienstleistung reagieren? Was wäre, wenn wir uns ein paar Jahrhunderte in die Zukunft bewegen könnten?

Spielen Sie das gleiche Spiel, wenn Sie versuchen, ein Problem zu lösen.

Wenn das Problem doppelt so schlimm wäre, was würden Sie dann unternehmen? Wie wäre es mit zehnmal so schlimm? Oder halb so schlimm?

Was wäre, wenn jeder dieses Problem hätte?

Was wäre, wenn nur Sie es hätten?

Was wäre, wenn Ihr größter Konkurrent es hätte?

Was wäre, wenn wir das Problem auf den Kopf stellen würden, wie würde es aussehen?

Wie würde es aussehen, wenn Sie es aus dem Kopfstand betrachteten?

Was wäre, wenn das Problem nächstes Jahr auch noch existieren würde, was würden Sie dann unternehmen? Wie wäre es, wenn es noch in zehn Jahren existieren würde?

Was wäre, wenn dieses Problem plötzlich niemanden mehr stören würde, was würden Sie tun?

Was wäre, wenn Sie genau das gegenteilige Problem von Ihrem jetzigen hätten, wie würden Sie dieses lösen?

Was wäre, wenn jemand aus einer anderen Branche – wie dem Musikgeschäft oder der Flugzeugindustrie oder dem Gebrauchtwarengeschäft – dasselbe Problem hätte, wie würde er es lösen?

Wie würde es ein Architekt angehen? Ein Installateur? Ein Chirurg? Ein Dichter?

Was wäre, wenn Ihnen jemand eine Million Dollar in bar anböte, um dieses Problem zu lösen, wofür würden Sie das Geld ausgeben?

Wenn Sie sich vergegenwärtigen, dass am Arbeitsplatz die Mitarbeiter 99 Prozent aller Probleme verkörpern, wie würden Sie vorgehen, wenn Sie „feuern" könnten, wen Sie wollten? Oder einstellen könnten, wen Sie wollten?

Was wäre, wenn Sie das Problem wären, wie würden Sie sich ändern?

Was wäre, wenn Ihr bester Freund das Problem wäre, was würden Sie ihm sagen?

Was wäre, wenn Sie ein Kind wären, wie würden Sie das Problem lösen?

SEHEN SIE SICH IN ANDEREN BEREICHEN NACH HILFE UM

In A Whack on the Side of the Head (Ein Schlag auf den Kopf) schrieb Dr. Roger von Oech folgenden aufschlussreichen Absatz:

„Ich habe die Film- und Fernsehindustrie, die Werbeindustrie, modernste Forschungsgruppen, Marketing-Gruppen, Künstliche-Intelligenz-Gruppen und Kunstabteilungen studiert. Der einzige gemeinsame Nenner, den ich gefunden habe, ist, dass jede Teilkultur von sich glaubt, die kreativste zu sein, und dass deren Mitspieler ein besonderes Rezept für neue Ideen haben. Ich glaube, das ist positiv; Esprit de corps hilft bei der Schaffung einer motivierenden Arbeitsumgebung. Aber ich bin auch der Meinung, dass das Fernsehen eine Menge von den Softwaretypen lernen könnte und dass Wissenschaftler einige Ideen aus der Werbung aufgreifen könnten. Jede Kultur, Industrie, Disziplin, Abteilung und Organisation hat ihre eigenen Methoden, mit Problemen fertig zu werden, ihre eigenen Metaphern, Modelle und Methoden. Aber oft erhält man die besten Ideen, wenn man die Grenzen der eigenen Disziplin durchbricht und sich in anderen Gebieten nach neuen

Ideen und Fragen umschaut. Viele signifikante Fortschritte in Kunst, Wirtschaft, Technologie und Wissenschaft kamen durch die ,wechselseitige Befruchtung' von Ideen zustande. Und die logische Folge davon ist, dass nichts eine Branche schneller zur Stagnation bringt, als Ideen ,von draußen' auszusperren."

Die Münzlochstanze und die Weinpresse waren seit Jahrhunderten in Betrieb, bevor Gutenberg eine mögliche Verbindung zwischen ihnen entdeckte und die Druckerpresse erfand.

James J. Ritty versuchte eine Methode zu finden, um das Bargeld, das er in seinem Restaurant einnahm, zu zählen, und so die Kassiere zu hindern, zu viel in die eigene Tasche zu stecken. Auf einem transatlantischen Dampfer sah er ein Gerät, das die Umdrehungen des Propellers zählte und aufzeichnete. Er benützte das gleiche Prinzip, um die erste Kasse der Welt zu bauen.

Darwin schrieb es dem Bevölkerungsgesetz von Malthus, das er zufällig gelesen hatte, zu, dass er den Schlüssel fand, der ihm das Mysterium der Evolution durch die Entdeckung des Phänomens der natürlichen Selektion offenbarte.

Malthus zeigte auf, dass die Bevölkerung durch „positive Kontrollen" wie Krankheiten, Unfälle, Kriege und Hungersnöte in ihrem Wachstum aufgehalten würde. Darwin fragte sich, ob ähnliche Umstände auch das Wachstum der Pflanzen und Tiere verzögern, falls sich deren „Kampf ums Überleben" auf deren Population auswirkt.

„Plötzlich kam mir in den Sinn", schrieb er, „dass unter solchen Umständen begünstigte Spezies wahrscheinlich überleben, nicht begünstigte wahrscheinlich ausgelöscht werden würden. Das Ergebnis wäre ein fortwährendes Entstehen neuer Spezies."

Der Uhrmacher Benjamin Huntsman versuchte den Stahl, aus dem die Uhrfedern hergestellt wurden, zu verbessern. Er bemerkte, dass die Öfen, die die örtlichen Glaserzeuger benützten, mit Koks beheizt und mit Stourbridge-Lehm aufgefüllt wurden. Er probierte diese Brennmethode auch und das war die Geburt des Gussstahls.

George Westinghouse hatte seine Idee für Druckluft-Eisenbahnbremsen, als er über einen Druckluft-Steinbohrer las, den man beim Tunnelbau in den Alpen verwendete.

Vor Descartes gab es so etwas wie analytische Geometrie nicht; Arithmetik und Geometrie waren getrennt.

So verhielt es sich auch mit den Wissenschaften Elektrizität und Magnetismus, bevor Oersted, Richardson, Faraday und andere das Fachgebiet des Elektromagnetismus ins Leben riefen.

Auch in der Astronomie und Physik war es nicht viel anders, ehe sich Kepler aus beiden Bereichen Informationen holte und die moderne Astronomie ihren Anfang nahm.

Irgendetwas passiert irgendwo außerhalb Ihres Fachgebietes. Und genau das könnte Ihnen bei der Problemlösung helfen, neue Einsichten bringen, Ihre Überlegungen in eine neue Richtung lenken. Möglicherweise können Sie dieses Irgendetwas mit etwas schon Bekanntem kombinieren und so das Geheimnis lüften.

Halten Sie Ihre Augen und Ohren danach offen.

GEHEN SIE RISIKEN EIN

Eine Idee zu haben, bedeutet für gewöhnlich, Dinge zu kombinieren, die zuvor noch nicht kombiniert worden sind – anders ausgedrückt, ein Risiko einzugehen. Also laut Definition heißt das, Sie müssen ein Risiko eingehen, um zu einer Idee zu gelangen.

Vergessen Sie das niemals, denn, wenn Sie kein Risiko eingehen, werden Sie auch keine Ideen gewinnen.

„Die einzigen Katzen, die etwas wert sind", sagte der Philosoph und Pianist Thelonious Monk, „sind jene Katzen, die Risiken eingehen. Manchmal spiele ich etwas, das ich selbst nie gehört habe."

Spielen Sie etwas, das Sie selbst nie gehört haben.

10. DEFINIEREN SIE DAS PROBLEM

Ich hasse Definitionen.   BENJAMIN DISRAELI

Es ist besser, einige der Fragen zu kennen als jede Antwort.

JAMES THURBER

Computer sind nutzlos. Sie liefern bloß Antworten.

PICASSO

Es gibt kein menschliches Problem, das nicht gelöst werden könnte,
wenn die Menschen einfach nur das machen würden, was ich ihnen
sage.   GORE VIDAL

$\mathcal{D}$a es zu allen Problemen Lösungen gibt, ist es von entscheidender Bedeutung, dass Sie Ihr Problem korrekt definieren. Falls nicht, könnten Sie, quasi unbeabsichtigt, irgendein anderes Problem lösen.

In der Werbung – dem Gebiet, mit dem ich vertraut bin – wird die Darstellung eines Problems oft kreativer Arbeitsplan oder kreative Strategie oder Darstellungsauftrag oder so ähnlich genannt. Auf alle Fälle werden Antworten auf Fragen verlangt, wie: „Was versuchen wir zu vermitteln und warum versuchen wir es zu vermitteln?" „Wem versuchen wir das zu vermitteln und warum?" „Was können wir vermitteln, was unsere Konkurrenz nicht kann?" „Aus welchem Grund gibt es ein von uns betreutes Produkt, warum gibt es unsere Dienstleistung?"

Derartige Planungen sind essenziell, wie es Norm Brown, der Chef einer Werbeagentur, einmal ausdrückte:

„Wenn man nicht weiß, wohin man geht, führt jede Straße dorthin."

Jedes Fachgebiet hat seine eigenen Pläne, die Ziele und Aufträge und Strategien zu befördern vermögen – wo liegen die Probleme, welche Möglichkeiten sind vorhanden, was muss getan werden?

„Die Formulierung eines Problems", schrieb Einstein, „ist oft wichtiger als dessen Lösung, die bloß eine Angelegenheit der Mathematik oder des Laborversuchs darstellt. Neue Fragen zu stellen, neue Probleme aufzuwerfen und alte Probleme aus einem anderen Blickwinkel zu betrachten, verlangt kreatives Vorstellungsvermögen und ermöglicht wahre Fortschritte."

Natürlich hat er Recht. Auch so eine einfache Frage wie „Wie kann ich all die Arbeit pünktlich erledigen?" unterscheidet sich im Grunde wesentlich von „Wie bringe ich das Gesamtprojekt zu einem pünktlichen Abschluss?"

Die erste Frage wird im Einsatz verschiedenster Arten von arbeitsreduzierenden Techniken und abgekürzten Verfahren resultieren; die zweite darin, dass man die Arbeitslast auf mehrere Menschen aufteilt.

Es wird erzählt, dass Henry Ford das Fließband erfand, indem er einfach die Frage „Wie bekommen wir die Leute zur Arbeit?" zur Frage „Wie bekommen wir die Arbeit zu den Leuten?" umformte.

Edward Jenner entdeckte einen Impfstoff gegen Pocken, indem er einfach die Frage „Warum bekommen die Menschen die Pocken?" in die Frage „Warum bekommen Melkerinnen keine Pocken?" umformte.

Lebensmittelhändler trugen traditionellerweise aus dem ganzen Laden die Lebensmittel für ihre Kundschaft zusammen. Und sie versuchten mehr und mehr ihren Service zu verbessern, indem sie fragten: „Wie kann ich die Lebensmittel schneller zu meinem Kunden bringen?" Dann erfand jemand den Supermarkt, weil er fragte: „Auf welche Weise kann der Kunde die Lebensmittel an meiner statt holen?"

„Die Großartigkeit der Philosophen der wissenschaftlichen Revolution", schreibt Arthur Koestler, „bestand weniger darin, die richtigen Antworten zu finden, als vielmehr darin, die richtigen Fragen zu stellen; darin, ein Problem zu sehen, wo niemand zuvor eines gesehen hatte; darin, ein ‚Warum' durch ein ‚Wie' zu ersetzen."

Jonas Salk stimmte zu: „Die Antwort auf jede Frage existiert schon im Vorhinein. Wir müssen nur die richtigen Fragen stellen, um die Antwort freizulegen."

Wenn Sie Schwierigkeiten haben, ein Problem zu lösen, oder wenn Ihre Lösungen irgendwie unbefriedigend sind, versuchen Sie, das Problem anders zu definieren und dann erst einer Lösung zuzuführen.

Lassen Sie mich einige Beispiele schildern:

Nehmen Sie an, Sie sind der Manager eines zehngeschossigen Bürogebäudes, das erbaut wurde, als jedes Unternehmen große, geräumige Büros hatte. Damals waren zur Beförderung der Mitarbeiter zwei Aufzüge genug. Aber im Lauf der Jahre wurden die großen Büroräume in kleinere Einheiten verwandelt, und jetzt ist augenscheinlich, dass die zwei Aufzüge des Gebäudes die Anzahl der Mitarbeiter nicht mehr bewältigen können.

Sie haben den schnellsten, effizientesten und modernsten computergesteuerten Aufzug installiert. Und trotzdem: Jeden Nachmittag sammeln sich Trauben von zornigen Angestellten in der Eingangshalle, die sich darüber beklagen, dass sie drei Minuten oder länger warten müssen, bevor sie sich in einen Aufzug quetschen können. Die Klagen häufen sich. Manche Mieter drohen bereits mit Kündigung. Es herrscht Krisenstimmung.

Was unternehmen Sie?

Wenn Sie das Problem logisch durchdenken (oder vertikal, wenn Sie das Wortspiel erlauben), scheint es offensichtlich, dass Sie entweder (a) die Liftkapazitäten innerhalb des Gebäudes drastisch verbessern oder (b) die Anzahl der Menschen, die sich zur selben Zeit innerhalb des Gebäudes hinauf- und hinunterbewegen, reduzieren müssen. Sie können daher:

Die Aufzugsschächte erweitern und größere Aufzüge einbauen lassen.

Oder ein Loch durch das Gebäude bohren und zusätzliche Aufzugsschächte bauen lassen.

Oder mehrere Aufzüge an der Außenseite des Gebäudes anbringen.

Oder die Treppen in Rolltreppen verwandeln.

Oder Rolltreppen an der Außenseite des Gebäudes anbringen.

Oder jedes zweite Stockwerk mit Rolltreppen verbinden, um dadurch die Zahl der Etagen, in denen jeder Aufzug halten muss, halbieren zu können.

Oder jeden Monat jeweils dem ersten Ankömmling in der Früh wie auch dem Letzten, der am Abend das Gebäude verlässt, einen Preis verleihen, und auf diese Weise die Anzahl der Menschen verringern, die sich zu den Stoßzeiten vor den Aufzugtüren stauen.

Oder sich mit diversen Arbeitgebern im Gebäude zusammensetzen, um eine Staffelung der verschiedenen Büroarbeitszeiten zu vereinbaren.

Oder gestaffelte Arbeitsschichten für jedes Stockwerk einrichten, um dadurch die Zahl der Menschen, die sich zur gleichen Zeit hinauf- und hinunterbewegen, einzuschränken.

Oder die Feuerwehr davon überzeugen, die erlaubte Höchstzahl der Menschen im Gebäude und/oder in der Eingangshalle herunterzusetzen.

Oder Programme sponsern, die die Vorteile des Treppensteigens preisen.

Alle diese Ideen sind natürlich gut (abgesehen von ein paar mit eher höherem Kostenfaktor) und würden wahrscheinlich bis zu einem gewissen Grad funktionieren.

Aber als die Managerin eines Bürogebäudes in Chicago mit dem selben Problem konfrontiert wurde, agierte sie völlig anders.

Sie ließ in der Eingangshalle und auf allen übrigen Stockwerken Spiegel installieren: von Kante zu Kante, vom Boden bis zur Decke. Sie war der Meinung (was sich später auch als richtig erwies), dass die Menschen sich weniger aus der Warterei machen würden, wenn sie die Zeit damit verbringen könnten, sich selbst zu betrachten.

Mit anderen Worten, sie löste ein anderes Problem.

Anstatt auszutüfteln, wie sie zu mehr Aufzügen und Rolltreppen kommen könnte oder wie sie die Zahl der zu befördernden Menschen reduzieren könnte, änderte sie das Problem und fragte sich: „Wie kann ich das Warten weniger frustrierend gestalten?"

Oder nehmen Sie an, Sie sind der Polizeichef einer Stadt am Meer in den 6oer-Jahren. Ihre Stadt ist eines der Mekkas für Studenten während der Osterferien. Die Geschäftsleute in der Stadt lieben das Geld, das die Studenten jedes Jahr in die Stadt bringen, jedoch werden die Studenten von Jahr zu Jahr ausgelassener (vor allem männliche, denn das war noch vor der Frauenbewegung).

Was noch schlimmer ist: Sie über Nacht ins Gefängnis zu werfen (weil sie betrunken sind, sich obszön benehmen oder Eigentum beschädigen), bringt überhaupt nichts. Eigentlich wird das Problem nur noch verschlimmert, weil eine Nacht im Gefängnis zu einer Art „Statussymbol" wird und Ehre und Respekt einbringt. Wenn ein Student nicht zumindest einmal im Gefängnis war, weiß er nicht, was „läuft", ist er nicht „in", ist kein Mann.

Also entschließen Sie sich für die harte Tour und setzen die Rabauken auf Wasser und Brot.

Falsch.

Jetzt beginnen sogar Burschen, die überhaupt nicht trinken, Trunkenheit vorzutäuschen, damit sie inhaftiert werden und am nächsten Morgen die Schauergeschichten über das Gefängnis und das Essen zum Besten geben können. Plötzlich sind Studenten, die nicht im Gefängnis waren, „Waschlappen".

Sie haben keinen Platz mehr im Gefängnis und karren mobile Zellenmodule heran. Die Gefängniswärter machen permanent Überstunden. Das Problem ist nicht mehr kontrollierbar.

Sie sind machtlos. Sie müssen das Gesetz exekutieren, das ist Ihr Job. Aber wenn Sie es tun, verschlimmern Sie nur das Problem.

Was unternehmen Sie?

Es gibt eine Reihe von Maßnahmen, die Sie ausprobieren könnten; es gibt immer welche. Aber als ein Polizeichef in Florida im Jahr 1963 konkret mit diesem Problem konfrontiert wurde, unternahm er Folgendes:

Er „fütterte" die eingesperrten Studenten mit Babynahrung.

Anstatt sie wie Verbrecher zu behandeln, behandelte er sie wie

Kleinkinder. Und fast über Nacht verwandelte er Macho-Studenten in lächerliche Gestalten.

Der Polizeichef lernte schnell.

Das erste Mal fragte er sich: „Wie kann ich diese Studenten für ihre Gesetzesübertretungen härter bestrafen?" Und er gab ihnen Wasser und Brot.

Als das nicht funktionierte, fragte er sich: „Wie mache ich sie lächerlich?" Und Bingo.

Es verhält sich oft so: Sie formulieren das Problem einfach um und Bingo – unterschiedlichste Lösungen tauchen auf.

Oder stellen Sie sich vor, Sie sind zur Zeit der schwarzen Pest dafür verantwortlich, die Toten zu begraben.

Sie haben Befehl, jeden Menschen so schnell wie möglich in einem Sarg zu bestatten, um das Ausbreiten der Krankheit zu verlangsamen. Aber in der Eile, die Toten unter die Erde zu bringen, entdecken Sie plötzlich, dass da noch jemand lebt.

Sie sind entsetzt. Sie fragen sich, wie Sie sicherstellen können, nicht noch einen Menschen lebendig zu begraben. Sie fragen Ärzte um Hilfe. Diese raten Ihnen, den Herzschlag und die Atmung zu prüfen, aber die Menschen, die die Körper wegbringen, haben weder die Energie noch den Wunsch, jeden zu überprüfen. Zu viele Menschen sterben zu schnell.

Was unternehmen Sie?

Der Legende nach änderte ein Mann in England, als er mit diesem Problem konfrontiert wurde, die Frage von: „Wie stelle ich sicher, dass ich niemanden lebendig begrabe?" zu „Wie stelle ich sicher, dass jeder, den ich begrabe, tot ist?"

Bingo.

Alles, was er jetzt machen musste, war, drei zugespitzte Pfähle, die senkrecht nach oben zeigten, in jedem Sarg zu montieren. Sofern der Mensch noch nicht tot war, bevor er in den Sarg gelegt wurde, dann war er es sicher danach.

Geschäftsleute stellen fortwährend unzweckmäßige Fragen. Viele dieser Fragen basieren auf Annahmen, die sich so tief ins Bewusstsein eingegraben haben, dass einem womöglich gar nicht auffällt, dass man schon seit Jahren von ihnen diktiert wird.

Lassen Sie mich ein Beispiel anführen:

Ich arbeitete auch einmal für eine Donut-Firma. Sie hatte Hunderte Zweigstellen, in denen Donuts hergestellt und verkauft wurden.

Im Lauf der Jahre gingen die Verkäufe nach und nach zurück, und wir wurden ersucht, Ideen zu präsentieren, wie man den Kundenandrang wieder erhöhen könnte; wie man, mit anderen Worten, mehr Kunden in die Läden bringen könnte.

„Warum versuchen wir nicht, unsere jetzigen Kunden dazu zu bewegen, mehr Donuts zu kaufen?", fragten wir.

„Weil unsere Verkaufszahlen zeigen, dass wir jedes Jahr weniger Kunden haben, nicht, dass unsere Kunden weniger Donuts kaufen."

Wir besprachen eine Reihe von Möglichkeiten, wie wir mehr Kunden „anlocken" könnten. Dazu zählte, dass wir das Sortiment mit Muffins,

Teegebäck und Kipferln aufstockten, den Geschäften in der Umgebung Spezialangebote machten und in Zeiten mit schwachem Geschäftsgang Spezialpreise einführten, zu jeder Bestellung kostenlosen Kaffee offerierten, eine neue Werbung kreierten, unsere Werbung auf Teenager, Frauen, Büroangestellte usw. abstimmten.

Dann machte ich einen Einwurf, der alle verblüffte: „Wenn Sie mehr Kunden möchten, sollten Sie die Frage vielleicht nochmals überdenken."

„Wie meinen Sie das?"

„Nun ja, im Moment fragen Sie ‚Wie bringe ich mehr Kunden dazu, in unser Geschäft zu kommen?'"

„Ja?"

„Aber wenn Sie fragen würden ‚Wie bekomme ich mehr Kunden, die regelmäßig wiederkommen?' oder einfach ausgedrückt ‚Wie verkaufe ich mehr Donuts?', könnte sich Ihre gesamte Marketingstrategie ändern."

„Wiederholen Sie das bitte?"

„Wenn Sie eine dieser Fragen stellen würden, könnten Sie eventuell aufhören, Ihre Geschäfte als Verkaufsläden zu sehen, und damit beginnen, sie als eigenständige Fertigungsstätten zu betrachten."

„Worüber sprechen Sie?"

„Wenn sie Fertigungsstätten für Donuts wären, würden Ihre Geschäfte Donuts verkaufen, genau, wie sie es jetzt tun; aber zusätzlich könnten Sie wahrscheinlich Vertreter einstellen, die jeweils die Gebiete um Ihre Standorte ins Visier nehmen könnten. Im Endeffekt würden Sie damit weit mehr Umsatz erzielen."

„Woher?"

„Von Bürogebäuden und Schulen, von Appartementhäusern, von Läden in der Nachbarschaft, von Baustellen und Fabriken und Einkaufszentren und Eigentumswohnungen, von Tankstellen, von wo auch immer.

Ja, sie könnten sogar Donuts an Restaurants und Cafés verkaufen – die müssen die Donuts, die sie verkaufen, ohnehin von irgendwoher beziehen, nicht wahr? Warum also nicht von Ihnen?

Sie könnten vielleicht sogar ein paar Lastwagen für Donuts bauen, Lastwagen, die herumfahren und morgens warmen Kaffee und Donuts verkaufen.

Und man könnte Schüler einstellen, die vorbestellte Donuts noch vor Schulbeginn ausliefern.

Und Sie könnten sogar ..."

Aber ich hatte sie verloren. Ich glaube, das Einzige, was die Firmenleitung aus meinen Einfällen herauslas, war der drohende Aufwand und das Risiko, und so wurde keine dieser Anregungen jemals in die Tat umgesetzt.

Aber es zeigt, glaube ich, wie sehr bereits einfache Umgestaltungen einer Frage Ihr Denken zu revolutionieren vermögen.

Also wenn Sie ins Stocken geraten, versuchen Sie, Ihre Fragen anders zu formulieren.

Wenn Sie sich bis jetzt gefragt haben „Wie können wir unsere Fertigungsstraße effizienter gestalten?", versuchen Sie es mit „Wie können wir die Fertigungsstraße weniger ineffizient gestalten?" Oder: „Wie können wir die Fertigungsstraße ändern, damit die Arbeiter bei der Produktion mehr Freude haben?"

Wenn Sie sich gefragt haben: „Warum kaufen die Menschen mein Produkt nicht?", versuchen Sie es mit: „Warum kaufen die Menschen mein Produkt?" Oder: „Warum kaufen diese Menschen mein Produkt nicht öfter?" Oder: „Warum kaufen diese Menschen nicht mehr Exemplare von meinem Produkt?" Oder: „Warum kaufen die Menschen das Produkt der Konkurrenz?" Oder: „Warum kaufen die Menschen nicht beide Produkte?" Oder: „Wie kann ich mehr verkaufen?" Oder: „Was kann ich noch anbieten, um den Verkauf meines Produkts zu verbessern?" Oder: „Wozu kann mein Produkt noch verwendet werden?" Oder: „Wie kann mein Produkt den Menschen noch nützlich sein?" Oder: „Was kann ich an meinem Produkt verbessern, damit es mehr Konsumenten zum Kauf anregt?"

Und sofern Sie sich gefragt haben „Wie spare ich Geld?", versuchen Sie es mal mit „Wie kann ich weniger Geld ausgeben?" Oder: „Wie komme ich zu mehr Geld?" Oder: „Wie kann ich mehr kaufen mit dem Geld, das ich zur Verfügung habe?" Oder: „Wie kann ich Gegenstände gratis bekommen?" Oder: „Wie kann ich ohne Geld überleben?" Oder: „Wie kann ich ohne die Dinge, für die ich Geld ausgebe, leben?"

Wenn Sie sich gefragt haben „Wie kann ich die Außendienstmitarbeiter dazu bringen, mehr Anrufe zu tätigen?", versuchen Sie es mit „Wie kann ich meine Vertreter dazu bringen, weniger, aber effizientere Anrufe zu tätigen?" Oder: „Wie bringe ich meine Vertreter dazu, dass ein größerer Prozentsatz ihrer Telefongespräche zu Geschäftsabschlüssen führt?" Oder: „Wie bringe ich meine Vertreter dazu, mehr Interessenten zur selben Zeit zu kontaktieren?" Oder: „Wie bringe ich Interessenten dazu, meine Vertreter anzurufen?" Oder: „Wie erreiche ich, dass es für meine Vertreter überflüssig wird, Kunden anzurufen?"

Verschiedene Fragen, verschiedene Antworten, zahllose Lösungen.

11. SAMMELN SIE INFORMATIONEN

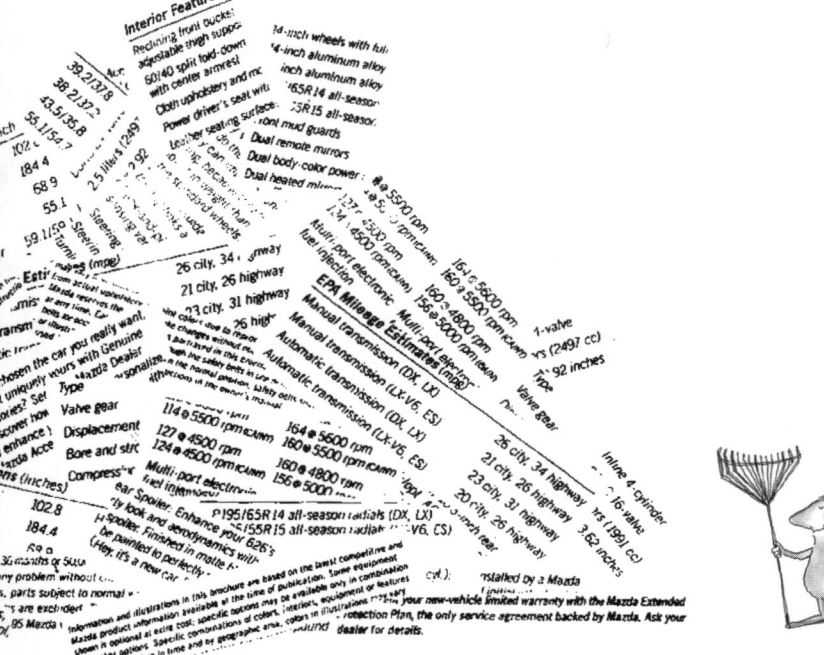

Aristoteles war dafür berühmt, alles zu wissen. Er lehrte, dass das Gehirn lediglich existiere, um das Blut abzukühlen, und es keinen Anteil am Denkprozess selbst hätte. Das trifft nur auf bestimmte Menschen zu.   WILL CUPPY

Wenn es noch eine andere Möglichkeit gibt, eine Katze zu häuten, möchte ich nichts darüber wissen.   STEVE KRAVITZ

Wir wissen nicht einmal ein Millionstel eines Prozents über irgendetwas.   THOMAS EDISON

L assen Sie mich eine Geschichte erzählen:
Es war mein erstes Jahr in der Werbebranche. Unsere Agentur hatte gerade einen neuen Kunden gewonnen – einen Fleischwarenhersteller. Der Besitzer wollte, dass wir Werbung für seinen Speck machen.

Ich erinnere mich daran, dass mein erster Cheftexter, Bud Boyd, meinte, er wolle „ein paar Fragen" stellen, bevor wir mit der Arbeit anfingen.

„Was ist Speck eigentlich genau?"

„Welche Sorte Schwein?"

„Erhält man von manchen Schweinen besseren Speck als von anderen?"

„Warum?"

„Welche Schweinerasse hält Ihr Konkurrent?"

„Womit werden die Schweine gefüttert?"

„Warum werden sie mit Mais und Molke und Erdnüssen und Schweinetrank gefüttert?"

„Woher stammen der Mais und die Molke und die Erdnüsse und der Schweinetrank?"

„Welche Art von Mais?"

„Welche Art von Molke?"

„Welche Art von Erdnüssen?"

„Welche Art von Schweinetrank?"

„Wie viel von jedem dieser Dinge wird an die Tiere verfüttert?"

„Warum?"

„Gibt es bei Ihrer Konkurrenz Unterschiede bei der Fütterung?"

„Können Sie das herausfinden?"

„Gewinnen die Schweine, die Sie verarbeiten, Preise bei Landwirtschaftsschauen?"

„Wie viele Preise?"

„Gewinnen Ihre Schweine mehr Preise als die der Konkurrenz?"

„Können Sie das herausfinden?"

„Wer sind die Leute, die Ihre Schweine aufziehen?"

„Kommen sie alle aus diesem einen Bundesstaat?"

„Warum?"

„Wie sehen die Ställe aus, in denen die Schweine gehalten werden?"

„Wird die Temperatur oder Luftfeuchtigkeit oder Beleuchtung kontrolliert?"

„Wie werden die Tiere zum Markt transportiert?"

„Wie alt sind die Schweine, wenn sie zum Markt gebracht werden?"

„Wie viel wiegen sie, wenn sie zum Markt gebracht werden?"

„Unterscheidet sich irgendetwas von all dem von Ihren Konkurrenten?"

„Gibt es irgendetwas bei Ihren Schweinen, das sie von den Schweinen der Konkurrenz unterscheidet?"

„Könnten Sie es in die Wege leiten, dass ich telefonisch mit einigen der Leute, die die Schweine aufziehen, sprechen kann?"

„Wie wird Speck hergestellt?"

„Wie wird er geschnitten?"

„Warum ist er so dick, wie er ist?"

„Warum ist er so lang?"

„Warum ist er so breit?"

„Wie hoch ist sein Fett- und Feuchtigkeitsgrad?"

„Und warum gerade so hoch?"

„Und warum gerade so niedrig?"

„Gibt es irgendeinen Unterschied zum Speck Ihrer Konkurrenz?"

„Wann können wir Ihr Lagerhaus besichtigen und mit ein paar Ihrer Mitarbeiter sprechen?"

„Warum pökeln Sie den Speck?"

„Womit pökeln Sie ihn?"

„Wie lange pökeln Sie ihn?"

„Warum räuchern Sie ihn?"

„Wie räuchern Sie ihn?"

„Welche Art von Holz verwenden Sie dafür?"

„Warum?"

„Wie lange räuchern Sie ihn?"

„Unterscheidet sich irgendeine Ihrer Produktionsmethoden von der Konkurrenz?"

„Warum wird Speck auf diese Weise verpackt?"

„Wie kann man feststellen, ob der Speck nicht mehr frisch ist?"

„Warum wird alter Speck doppelt so schnell braun wie frischer Speck?"

„Was macht eine Sorte Speck besser als eine andere?"

„Wie ist das ideale Verhältnis von Fett zu Fleisch beim Speck?"

„Wieso?"

„Wie ist das Verhältnis von Fett zu Fleisch bei Ihrem Speck?"

„Wie ist dieses Verhältnis bei Ihrer Konkurrenz?"

„Schaut Ihr Speck anders als der von Ihrer Konkurrenz aus?"

„Haben Sie den Geschmack Ihres Specks testen lassen?"

„Gibt es irgendetwas an Ihrem Speck, das Sie ändern würden, sofern Sie könnten?"

„Was ist das tauglichste Verfahren, um Speck zu kochen?"

„Warum ist Braten besser als Grillen?"

„Warum sollte man mit einer kalten Bratpfanne beginnen?"

„Warum sollte man den Speck öfters wenden?"

„Warum soll man das flüssige Fett abgießen?"

„Meine Mutter brühte den Speck immer, bevor sie ihn gebraten hat. Ist das eine gute Idee?"

„Warum nicht?"

„Haben Sie irgendwelche Bücher über Speck, die ich vielleicht lesen könnte?"

Den ganzen Morgen hindurch und während des ganzen Mittagessens stellte Bud Fragen.

Am Ende des Essens meinte der Kunde, er hätte weitere Termine wahrzunehmen. Bud fragte ihn, ob wir uns am nächsten Tag wieder treffen könnten.

„Wozu?", fragte unser neuer Kunde. „Ich habe Ihnen alles, was ich über Speck weiß, erzählt. Glauben Sie mir."

„Ich wollte nur ein paar Fragen stellen", sagte Bud „über die Menschen, die den Speck herstellen und verpacken und ausliefern und verkaufen. Und natürlich über die Menschen, die den Speck kaufen und kochen und servieren und essen."

Offensichtlich glaubte Bud an die Philosophie, so viele Informationen wie irgend möglich zu einem Thema zu sammeln, bevor er begann, Ideen auszutüfteln.

Ich schließe mich seiner Auffassung an. Und so macht es auch jeder andere, den ich kenne, der darüber schreibt, wie man Ideen gewinnt.

In der Werbebranche ist es einfach, an diese Informationen zu gelangen. Sie fragen einfach den Kunden danach.

Aber Sie müssen fragen. Und fragen. Und wiederum fragen.

Ein anderer Bud – Bud Robbins, der Chef einer Werbeagentur – erzählt diese Geschichte:

„Damals in den 60er-Jahren wurde ich von einer Werbeagentur eingestellt. Gleich zu Beginn hatte ich einen Werbetext für die Klavier-Firma Äols zu schreiben. Es drehte sich dabei um eine Werbeanzeige für einen ihrer Konzertflügel, die in der New York Times geschaltet werden sollte. Die einzigen Hintergrundinformationen, die ich erhielt, waren ein paar alte Werbungen und einige verblichene Großaufnahmen des Klaviers ... und natürlich die Abgabefrist.

Ich konnte zwar nicht einmal Klavier spielen, meldete mich aber trotzdem freiwillig, allein einen Werbetext zu verfassen, damit irgendjemand 5.000 Dollar für diesen Flügel ausgeben würde, obwohl man für die gleiche Summe einen Baldwin oder Steinway erwerben könnte.

Nach vielen Diskussionen wurde widerwillig eine Besichtigung der Äols-Klavierfabrik im Bundesstaat New York vereinbart.

Die Besichtigung dauerte zwei Tage lang, und obwohl die Sorgfalt der Klavierbauer und die Konstruktion des Flügels akribisch wirkten, erschienen mir 5.000 Dollar noch immer sehr viel Geld.

Kurz vor meiner Abreise wurde ich vom Verkaufsmanager in den Schauraum begleitet. In einer eleganten Umgebung stand ihr Flügel und daneben ein Steinway und ein Baldwin – beide in der gleichen Preiskategorie wie unser Produkt.

‚Sie schauen sich wirklich sehr ähnlich‘, meinte ich.

‚Ja das stimmt. Ich glaube, der einzig wirkliche Unterschied ist das Gewicht – unser Klavier ist schwerer.‘

‚Schwerer?‘, fragte ich. ‚Was macht unseres schwerer?‘

‚Der Kapodaster.‘

‚Was ist ein Kapodaster?‘

‚Kommen Sie, ich zeig es Ihnen.‘ Halb unter dem Klavier verschwunden deutete er auf einen Teil des Gussrahmens, der quer über die Saiten im Diskont angebracht war und den klingenden Teil begrenzte. ‚Wenn er einmal im Klavier ist, dauert es 50 Jahre, bis sich eines Tages plötzlich der Resonanzboden im Klavier verzieht. Dann kommt unser Kapodaster zum Einsatz. Er verhindert dieses Verziehen.‘

Ich entfernte mich vom Verkaufsmanager unter seinem Flügel und tauchte unter den Baldwin. Dort fand ich lediglich einen stümperhaften Kapodaster. Beim Steinway war es nicht anders.

‚Sie meinen also, dass dieser Kapodaster erst in 50 Jahren zu arbeiten beginnt?‘

‚Nun ja, es muss einen Grund haben, warum die Metropolitan Opera diesen Flügel benutzt‘, bemerkte er beiläufig.

Ich erstarrte. ‚Wollen Sie damit gerade sagen, dass das Metropolitan Opernhaus in New York City diesen Flügel verwendet?'

‚Ja natürlich. Und deren Kapodaster sollte inzwischen seine Funktion erfüllen.'

In der ‚Provinz' des Bundesstaats New York gibt es absolut nichts, das dem Vergleich mit dem Hauptportal des Metropolitan Opera House standhalten könnte. Dort habe ich die legendäre Carmeninterpretin Risë Stevens getroffen. Sie war jetzt dafür verantwortlich, die Met zum Lincoln Center zu ‚übersiedeln'.

Frau Stevens hat mir erzählt, dass ‚so ziemlich der einzige Gegenstand, den die Met mitnimmt, ihr Flügel ist'.

Dieses Zitat war der Aufmacher unserer ersten Werbung. Das Ergebnis war eine sechsjährige Wartezeit zwischen Bestellung und Auslieferung.

Mein Punkt ist folgender: Egal, um welchen Kunden es sich handelt, ich verspreche Ihnen, den Kapodaster gibt es immer."

Und so ist es.

Auch im Falle des Problems, an dem Sie gerade arbeiten, gibt es irgendein Unikum, irgendeine übersehene Beziehung mit irgendetwas anderem, ein Körnchen Information – und genau das wird Ihnen helfen, das Mysterium aufzulösen, die Tür zur Lösung aufzustoßen.

Also, selbst wenn es für Sie nicht einfach ist, die benötigte Information zu erhalten, lassen Sie diesen Schritt auf keinen Fall aus. Er ist absolut notwendig.

Es ist dieses „spezielle Wissen", von dem James Webb Young gesprochen hat. Spezielles Wissen, das Sie mit „Allgemeinwissen über das Leben und Ereignisse" kombinieren.

„Ein kreativer Mensch kann nicht von einer Tabula rasa zu einer großartigen Idee springen", sagte Bill Bernbach, der Chef einer Werbeagentur. „Er benötigt ein Sprungbett aus Informationen."

Sie müssen wissen, dass das Goldkorn existiert, nach dem Sie „Ausschau halten", und dass Sie es finden werden – genauso, wie Sie auch wissen, dass die hilfreiche Idee existiert und Sie sie finden werden.

Graben Sie danach. Lesen Sie Bücher. Lesen Sie Artikel in Zeitschriften. Lesen Sie Artikel in Zeitungen. Blättern Sie im Lexikon. Surfen Sie im Internet. Studieren Sie allerlei verwandte Themenbereiche. Werden Sie wieder mehr zum Kind – stellen Sie Fragen. Fragen Sie „warum". Fragen Sie „warum nicht". Besuchen Sie den Betrieb. Erforschen Sie das Lagerhaus. Sprechen Sie mit Mitarbeitern. Plaudern Sie mit Lieferanten. Arbeiten Sie im Geschäft. Fahren Sie mit den Vertretern mit. Finden Sie Kunden und sprechen Sie mit ihnen. Machen Sie das Gleiche mit „Nichtkunden". Finden Sie die Kunden des Konkurrenten, um auch mit diesen zu sprechen. Lesen Sie den Jahresbericht der Konkurrenz. Sprechen Sie mit den Ingenieuren. Sprechen Sie mit den Designern. Arbeiten Sie als Lastwagenfahrer. Testen Sie das Produkt. Testen Sie das Produkt der Konkurrenz. Gehen Sie zu Vorträgen. Gehen Sie in die Bibliothek. Gehen Sie in Buchhandlungen. Fragen Sie Ihre Freunde. Fragen Sie Ihre Kinder. Fragen Sie Ihre Mutter.

Aber was vielleicht am wichtigsten ist: Behalten Sie es im Bewusstsein. Es ist erstaunlich, was passiert, wenn man seine Aufmerksamkeit auf etwas lenkt.

Kennen Sie die Episode aus dem Comicstrip Peanuts, wo eine der Figuren (ich glaube, es war Linus) zu Charlie Brown sagt, er solle nicht über seine Zunge nachdenken? Das Ergebnis war, dass Charlie Brown die nächsten Tage an nichts anderes als an seine Zunge denken konnte.

Es stimmt. Denken Sie über irgendetwas nach und Sie werden es sehen, hören und überall fühlen. Beim nächsten Spaziergang lenken Sie Ihre Aufmerksamkeit auf Haustüren oder Dachmaterialien und Sie werden mehr Varianten und Arten sehen als jemals zuvor.

Und wenn das für weiße Pferde und Autotypen und Haustüren und Dachmaterialien gilt, wieso sollte es sich mit Ideen anders verhalten?

Ich habe einmal ein Fernsehinterview mit dem Hafenarbeiter und Sozialphilosophen Eric Hoffer gesehen. Auch er sagte dasselbe. Der Interviewer fragte ihn, wie er die Nachforschungen für seine Bücher durchführt, wie er zu seinen Informationen bzw. – falls Sie das vorziehen – wie er zu speziellem Wissen über ein Problem kommt.

Ich erinnere mich nicht an den genauen Wortlaut von Hoffer, aber im Grunde meinte er, dass er über das Thema angestrengt und ständig nachdächte und als Ergebnis dieser Bemühungen käme die gewünschte Information plötzlich zu ihm.

„Was meinen Sie damit – sie kommt zu Ihnen?"

Hoffer sagte, wenn er zum Beispiel über Traditionen nachdächte und wie und warum verschiedene Kulturen Dinge unterschiedlich pflegen, so bekäme er den Eindruck, dass jedes Buch, das er aus dem Bücherregal in der Bibliothek auswählt, etwas zu diesem Thema enthält, jeder Zeitungsartikel davon erzählt, sämtliche Dinge, die er sieht und über die er etwas hört, irgendetwas damit zu tun haben; kurz gesagt, er müsse nicht nach der gesuchten Information Ausschau halten, sondern sie käme zu ihm.

Thomas Mann sagte das Gleiche: „Wenn man von einer Idee besessen ist, wird man sie in allem wiederfinden, man wird sie sogar riechen."

Also, lenken Sie Ihre Aufmerksamkeit darauf; werden Sie besessen; fragen Sie, fragen Sie, fragen Sie; graben Sie, graben Sie, graben Sie. Unternehmen Sie alles, um an ein Meer von Informationen zu gelangen, bevor Sie sich an die Arbeit machen.

Es ist das Sprungbrett, das Sie für Ihren Sprung brauchen.

12. SUCHEN SIE NACH DER IDEE

Wenn es keinen Wind gibt, rudere!

LATEINISCHES SPRICHWORT

Die größte Sünde ist, fett auf seinem Arsch zu sitzen.

FLORYNCE KENNEDY

Schreiben ist einfach. Sie starren bloß auf ein weißes Blatt, bis sich ein paar Tropfen Blut auf Ihrer Stirn gebildet haben.

GENE FOWLER

Cliff Einstein, der Chef einer Werbeagentur, meinte: „Die beste Methode, eine Idee zu bekommen, ist eine Idee zu bekommen."

Er meint damit, wenn Sie erst einmal eine Idee haben, sind Sie den Druck los, eine Idee haben zu müssen.

Er meint auch, dass Ideen dem Schneeballeffekt unterliegen – die beste Methode, den ganzen Prozess ins Rollen zu bringen, ist, ihn mit einer Idee zu beginnen, mit irgendeiner Idee. Es ist egal, ob die Idee Sinn macht oder nicht oder das Problem löst oder überhaupt passend ist, solange sie nur irgendetwas Neues und Anderes darstellt.

Ich weiß, das klingt verrückt, aber probieren Sie es doch einmal. Es funktioniert wirklich. Sagen Sie: „Warum streichen wir es nicht grün?" Oder: „Was wäre, wenn ..."

Hal Riney, ein anderer Chef einer Werbeagentur, sagte:

„Eigentlich bin ich der Meinung, dass der kreative Prozess wahrscheinlich nicht mehr als das alte „Trial and Error"-Spiel darstellt, geleitet von Fakten, Erfahrung und Geschmack. "

Ralph Price sagte: „Man weiß nicht, ob man erfolgreich war, bis man versagt."

Er meint damit, dass man häufig nicht weiß, ob eine Idee überhaupt etwas taugt, bis man andere Ideen hat, um sie miteinander zu vergleichen.

Linus Pauling sagte: „Die beste Methode, eine gute Idee zu bekommen, ist, viele Ideen zu haben."

Das ist das Gleiche, was mein Freund in Chicago meinte, der, der den Auftrag über die Schweizer Armeemesser erhalten hatte: Viele Ideen zu bekommen ist einfacher, als die eine, unmögliche, „richtige" zu haben.

Er sagte auch, dass Ideen im realen Leben häufig nicht bestehen. Die beste Absicherung sei daher, „viele Ideen zu bekommen".

Aber nehmen Sie etwas zur Kenntnis: Alle diese Menschen sagen: „Machen Sie etwas, um Himmels Willen! Sitzen Sie nicht einfach herum, warten Sie nicht, bis eine Idee ‚mal eben' bei Ihnen ‚vorbeischaut'. Bemühen Sie sich darum. Arbeiten Sie daran. Suchen Sie danach. Machen Sie!"

Hier ist eine der Aufgaben, die ich meinen Studenten stelle: „In den nächsten zehn Minuten erwarte ich 50 Verwendungsmöglichkeiten für einen 5 cm x 5 cm x 5 cm großen Holzklotz."

Im Lauf der Jahre habe ich von „als Geschenk verpacken und meiner Schwiegermutter schicken" über „in 64 Quadrate zerschneiden und zusammenkleben, um daraus ein Schachbrett zu basteln" bis zu „auf den nächsten Lehrer werfen, der von mir verlangt, ihm 50 Verwendungsmöglichkeiten für einen 5 cm x 5 cm x 5 cm großen Holzklotz aufzuzählen" alles gehört.

Was mir auffiel, war, dass die Ideen zuerst zögernd kamen, dann schneller und schließlich so schnell sprudelten, dass man dazwischen nicht einmal mehr ein Schlagwort an die Tafel schreiben konnte.

Viele Probleme ähneln dem „Holzklotz-Problem". Zuerst scheinen Ideen so schwierig zu finden zu sein wie Krümel auf einem Perserteppich. Dann kommen sie zuhauf. Wenn es so weit ist, beginnen Sie nur nicht, sie näher zu studieren; wenn Sie das nämlich tun, stoppen Sie den Fluss, den Rhythmus, die Magie. Schreiben Sie die Ideen stichwortartig auf und gehen Sie gleich zur nächsten weiter. Die Analyse führen Sie dann später durch.

Hier ist noch etwas, was ich meine Studenten fragte:

„Was ist die Hälfte von 13?"

Jemand würde sagen „sechseinhalb" und es an die Tafel schreiben.

„Okay, was ist noch die Hälfte von 13?"

Zögernd würde jemand sagen „sechs Komma fünf?"

„Genau. Was ist noch die Hälfte von 13?"

Und alle würden mir diesen verständnislosen Blick zuwerfen wie Kühe vorbeifahrenden Autos.

„Okay", würde ich sagen. „Ich möchte, dass ihr euch auf das konzentriert, was ihr momentan denkt und fühlt – dass ich verrückt bin, dass es keine anderen Antworten gibt, dass die Hälfte von 13 sechseinhalb oder sechs Komma fünf ist und sonst nichts.

Jetzt denkt darüber nach, denkt: Was ist noch die Hälfte von 13?"

„Eins und drei", würde schlussendlich jemand mit einem Lächeln sagen. Ein Durchbruch.

„Genau. Was ist noch die Hälfte von 13?"

„Vier. Das Wort Dreizehn besteht aus acht Buchstaben. Die Hälfte von acht ist vier."

„Genau. Was ist noch die Hälfte von 13?"

„Drei und zehn." Jetzt kamen sie richtig in Fahrt. Sie hatten Spaß.

„Genau. Was ist noch die Hälfte von 13?"

Ein Student würde zur Tafel gehen, das Wort DREIZEHN darauf schreiben, die untere Hälfte des Wortes weglöschen, auf den Rest zeigen und triumphierend sagen: „Das ist die Hälfte von 13."

„Genau. Was ist noch die Hälfte von 13?"

Dann würde derselbe Student das Wort DREIZEHN nochmals an die Tafel schreiben, die obere Hälfte des Wortes weglöschen und seinen Satz von vorhin wiederholen. Wow.

„Genau. Was ist noch die Hälfte von 13?"

Ein anderer Student würde zur Tafel kommen und das Gleiche wie der vorherige Student machen, bloß, dass er dabei das Wort DREIZEHN durch die Ziffern 1 und 3 ersetzte.

„Genau. Was ist noch die Hälfte von 13?"

Ein weiterer Student würde das Wort in Kleinbuchstaben an die Tafel schreiben und die Prozedur wiederholen.

„Genau. Was ist noch die Hälfte von 13?"

„Acht. Dreizehn in römischen Zahlen dargestellt ist XIII. Die obere Hälfte davon ist acht." Ein weiterer Durchbruch. Sie brachten den Stein ins Rollen.

„Genau. Was ist noch die Hälfte von 13?"

Ein Student würde die untere Hälfte von XIII an die Tafel schreiben.

„Genau. Was ist noch die Hälfte von 13?"

„Elf und zwei. Die rechte und linke Hälfte der römischen Zahl XIII."

„Genau. Was ist noch die Hälfte von 13?"

„Eins-eins und null-eins. Im binären System wird dreizehn als eins-eins-null-eins geschrieben. Also ist die Hälfte eins-eins und null-eins. Also elf und eins."

„Genau. Was ist noch die Hälfte von 13?"

Jemand würde 1101 an die Tafel schreiben und die obere Hälfte weglöschen, es dann nochmals aufschreiben und die untere Hälfte weglöschen.

„Genau. Was ist noch die Hälfte von 13?"

„Zwei. Eins und drei ist vier. Die Hälfte von vier ist zwei." Nach wie vor ein Durchbruch nach dem anderen.

„Genau. Was ist noch die Hälfte von 13?"

Jemand würde zur Tafel kommen und | | | | | | | schreiben und die Hälfte des letzten | weglöschen.

„Genau. Was ist noch die Hälfte von 13?"

Jemand würde zur Tafel kommen und | | | | | | | | | | | | | schreiben, dann die obere Hälfte weglöschen, die Strichreihe nochmals zeichnen und die untere Hälfte weglöschen.

„Genau. Was ist noch die Hälfte von 13?"

„Drei. Dreizehn heißt auf Französisch treize und das hat sechs Buchstaben."

Ein weiterer Durchbruch. Jetzt kamen sie sogar auf Fremdsprachen.

„Auch die Wortsilben tre und ize, weil jede davon die Hälfte von treize ist. Und die obere Hälfte von ..."

„Okay, hört auf!" sagte ich. „Wisst ihr noch, wie wir angefangen haben? Als ihr geglaubt habt, es gäbe nur eine Antwort? Nun ja, jetzt wisst ihr: Es gibt immer eine weitere Antwort. Ihr müsst euch bloß auf die Suche begeben."

Und Sie müssen es auch.

Sie müssen sich dazu zwingen, das Problem zu betrachten, nach der Idee zu suchen, die Lösung zu finden – so wie Hal Silverman mich dazu gezwungen hat, seinen Stuhl zu betrachten.

Denken Sie lateral. Denken Sie visuell. Spielen Sie „Was wäre, wenn?". Halten Sie nach Analogien Ausschau. Suchen Sie nach Dingen, die Sie kombinieren können. Fragen Sie sich selbst, von welchen Annahmen Sie ausgehen, welche Regeln Sie befolgen. Werden Sie mutiger, und blasen Sie zum Angriff!

Wenn Sie eine zusätzliche Motivationsspritze brauchen, um eine Idee zu finden, sollten Sie das machen, was der Illustrator dieses Buches manchmal tut – er stellt sich vor, dass die Idee, nach der er sucht, eine Hundert-Dollar-Note enthält. „Wenn man wirklich finden will, wonach man sucht, findet man es auch", sagt er. „Und man will immer hundert Dollar finden."

Aber an einem gewissen Punkt müssen Sie aufhören, danach Ausschau zu halten, sie müssen aufhören, darüber nachzudenken.

Oh, ich weiß, fortwährende, unerbittliche Bemühungen erzeugen oft gewaltige Ergebnisse.

Andrew Wiles arbeitete sieben Jahre lang, bevor er Fermats letzten

Lehrsatz bewies – ein Beweis, der Tausenden Mathematikern jahrhundertelang nicht gelungen war.

Gatling verbrachte vier Jahre lang damit, an der Entwicklung eines Maschinengewehrs zu arbeiten, bis er erfolgreich war.

Nikola Tesla, der unter anderem den Wechselstrom entdeckte, arbeitete regelmäßig von zehn Uhr morgens bis fünf Uhr früh – und das sieben Tage pro Woche.

Edisons Hartnäckigkeit ist legendär. Auch Keplers. Und Einsteins. Und Newtons. Und Paulings. Und, und, und – die „Hartnäckigkeitsliste" geht weiter und weiter.

Trotzdem kommt eine Zeit – und die wird bei jedem Menschen und jedem Problem individuell verschieden sein –, wann man sich sagen muss: Genug ist genug! Sie haben (um Koestler frei zu zitieren) alle bereits bestehenden Fakten, Ideen, Möglichkeiten und Fähigkeiten aufgedeckt, ausgewählt, umgebildet, kombiniert und synthetisiert. Und die Idee ist Ihnen immer noch nicht gekommen.

Kommt diese Zeit, so befolgen Sie bitte die Ratschläge aus dem nächsten Kapitel.

13. DENKEN SIE NICHT MEHR DARAN

Es ist manchmal ratsam, zu vergessen, wer man ist.

PUBLILIUS SYRUS

Eric: Meine Frau hat ein furchtbares Gedächtnis.
Ernie: Wirklich?
Eric: Ja, sie vergisst niemals etwas.

ERIC MORECAMBE UND
ERNIE WISE

Es gibt drei Sachen, die ich immerzu vergesse.
Namen, Gesichter – das dritte habe ich vergessen.

ITALO SVEVO

$\mathbf{D}$as Ganze zu vergessen, sollten Sie nach Möglichkeit erst versuchen, nachdem Sie die Ratschläge aus dem vorangegangenen Kapitel befolgt haben.

Es ist etwas, wozu ich in der Werbebranche selten genug Gelegenheit hatte. Für gewöhnlich gab es keine Zeit, Probleme einfach zu vergessen. Ideen mussten sofort ersonnen werden. Nicht morgen. Jetzt.

Ähnliches gilt für den Journalismus. Andy Rooney ist folgender Auffassung:

„Die besten kreativen Ideen sind das Ergebnis des gleichen langsamen, selektiven und kognitiven Prozesses, der die Summe einer Zahlenkolonne erzeugt. Jeder, der darauf wartet, dass ihm plötzlich eine Idee kommt, muss lange warten. Wenn ich einen Abgabetermin für eine Kolumne oder ein Fernsehdrehbuch habe, setze ich mich an die Schreibmaschine und beschließe, zum Teufel noch einmal, eine Idee zu haben. Es gibt nichts Magisches an diesem Vorgang."

Aber ich denke, Rooney macht aus einer Notwendigkeit ein Gesetz.

Ich will die harte Arbeit, für die der Journalist Rooney eintritt, nicht herabsetzen. Wie ich bereits im letzten Kapitel betont habe, ist sie notwendig und unverzichtbar.

Doch es kann durchaus im Dienste der Sache sein, alles zu vergessen, wenn man Schwierigkeiten hat, ein Problem zu lösen oder eine Idee zu bekommen. Das bezeugt eine ganze Reihe von Aussagen:

Helmholtz sagte: „Soweit es mich betrifft, kamen sie (die Ideen) nie, wenn mein Geist erschöpft war oder wenn ich an meinem Arbeitstisch saß."

Albert Einstein erklärte, er hätte die besten Ideen, während er sich rasiert.

Grant Wood sagte: „Alle wirklich guten Ideen, die ich jemals hatte, kamen mir beim Melken einer Kuh."

Henri Poincaré erzählt davon, wie er wieder einmal hart daran arbeitete, ein mathematisches Problem zu lösen. Er schaffte es nicht, also machte er Urlaub. Als er in einen Bus stieg, kam ihm plötzlich die Antwort in den Sinn.

„Ich habe herausgefunden", schreibt Bertrand Russel, „dass es, wenn ich über ein etwas schwierigeres Thema schreiben muss, am besten ist, sehr intensiv darüber nachzudenken – so intensiv, wie ich nur irgendwie vermag – für ein paar Stunden oder Tage. Am Ende dieser Zeit gebe ich dann sozusagen die Anordnung, dass die Arbeit im „Untergrund" fortgesetzt werden muss. Ein paar Monate später kehre ich dann auf bewusster Ebene zum Thema zurück und finde heraus, dass die Arbeit erledigt worden ist."

C. G. Suits, der legendäre Boss der Forschungsabteilung bei General Electric, sagte, dass alle Entdeckungen in Forschungslabors wie Lichtblitze während einer Periode der Entspannung auftauchten, die einer Zeit intensiven Denkens und Faktensammelns folgte.

Rollo May glaubt, dass Inspiration aus Quellen im Unterbewusstsein stammt, die durch bewusste harte Arbeit „aufgeladen" und dann während einer Entspannungsphase „entladen" werden.

„Sättigen Sie sich durch und durch mit Ihrem Thema … und warten Sie", lautet der Rat von Lloyd Morgan.

Und wirklich, wie es Philip Goldberg in seinem Buch The Babinski Reflex (Der Babinski-Reflex) herausstreicht, dieses Phänomen (welches er nach Archimedes und seiner Badewannen-Entdeckung den „Eureka-Effekt" nennt) tritt dermaßen häufig auf, dass es „als allgemeines Merkmal der wissenschaftlichen Entdeckung, der künstlerischen Kreation, von Problemlösung und Entscheidungsfindung erkannt wurde."

Wenn Sie bei einer Idee oder einem Projekt oder einem Problem ins Stocken geraten oder wenn die kleinen Ideen so schnell aufhören, wie sie gekommen sind, und Sie noch immer nicht „die große Idee" hatten oder wenn Sie das Gefühl haben, Sie schlagen mit Ihrem Kopf ständig gegen ein Eisentor, oder wenn die Dinge anstrengend und schwierig werden oder die kleine Stimme in Ihrem Inneren anfängt „Das funktioniert nicht!" zu sagen, dann vergessen Sie alles und arbeiten Sie an etwas anderem.

Nehmen Sie bitte zur Kenntnis, dass ich nicht gesagt habe: „Vergessen Sie es, und ruhen Sie sich aus." Oder: „Vergessen Sie es und vegetieren Sie dahin." Oder: „Vergessen Sie es und schauen Sie sich eine Woche lang Seifenopern im Fernsehen an."

Ich sagte: „Vergessen Sie es und arbeiten Sie an etwas anderem."

Meiner Erfahrung nach wird geistiges Ausruhen (außer Meditieren) überbewertet. Es mag sogar kontraproduktiv sein, weil es Ihren

Schwung stoppt, Ihre Interessen erstickt, Ihre Bemühungen abwürgt, Dinge lange genug zu betrachten, um Ähnlichkeiten und Verbindungen und Beziehungen zu erkennen.

Natürlich, ich weiß, jeder Mensch neigt dazu, hin und wieder „alle Viere von sich zu strecken" und die Welt an sich vorüberziehen zu lassen.

Aber Menschen, die das „mit System" betreiben, lassen die Welt eben einfach an sich vorüberziehen. Sie hinterlassen keine Spuren. Sie verändern nichts. Sie haben keine neuen Einsichten, keine neuen Ideen.

Aber genau das ist es doch, was wir versuchen, nicht wahr? Ideen zu bekommen.

Okay, dann hören Sie auf mich: Wenn Sie eine Sache vergessen, beginnen Sie an einer anderen zu arbeiten.

In der Werbebranche machen das Texter und Art Directors, wann immer es ihnen möglich ist. Wenn Sie, sagen wir einmal, Schwierigkeiten haben, eine Idee für eine TV-Motorradwerbung zu kreieren, und diese nicht nächste Woche fertig sein muss, schieben sie den Auftrag zur Seite und beginnen Sie an einer Anzeige für Käse oder an einer Plakatwand für eine Bank zu arbeiten. Ein paar Tage später kehren sie zur nämlichen Motorradwerbung zurück, und plötzlich schweben allerlei Ideenblasen im Raum umher, die sich greifen lassen.

Aber was tun Sie, wenn Sie kein anderes Projekt haben, an dem Sie arbeiten können?

Kümmern Sie sich um eines.

Das Geheimnis besteht darin, die Gänge zu wechseln; Ihr Unterbewusstsein am Problem, das Ihnen Schwierigkeiten bereitet, werken zu lassen, während Ihr Bewusstsein mit etwas anderem beschäftigt ist; „ein Problem zu überschlafen", während man an einem anderen zu arbeiten beginnt.

So geht auch Carl Sagan vor. Wenn er bei einem Projekt nicht mehr weiterkommt, macht er mit einem anderen weiter und erlaubt seinem Unterbewusstsein „an die Arbeit zu gehen". „Wenn Sie dann wieder fortsetzen, entdecken Sie zu Ihrer Verwunderung in neun von zehn Fällen, dass Sie Ihr Problem gelöst haben – oder Ihr Unterbewusstsein hat es –, ohne es überhaupt zu wissen."

Auch Isaac Asimov bediente sich dieser Methode. „Wenn ich vor Schwierigkeiten stehe", schrieb er, „wechsle ich zu einem anderen Buch, das ich schreibe. Wenn ich dann auf das Problem zurückkomme, hat es mein Unterbewusstsein gelöst."

Doch noch einmal: Hören Sie nicht auf damit, an irgendetwas zu arbeiten und zu tüfteln. Beschaffen Sie sich ein anderes Projekt und tasten sie auch dieses bis zum letzten Fragezeichen ab.

Glauben Sie nicht, dass Sie Ihrem Hirn eine Ruhepause gönnen müssen. Sie müssen es nicht. Das Gehirn ist kein Muskel, der ermüdet.

Abgesehen davon weiß Ihr Unterbewusstsein nicht, ob es nun an einem Projekt arbeitet, das die Welt verändern könnte, oder ob es darum geht, den Fall im letzten Schundkrimi zu lösen. Es arbeitet ungeachtet dessen sehr, sehr effizient.

Das ist einer der Gründe, warum viel beschäftigte Menschen eine Menge weiterbringen und immer auch noch ein weiteres Projekt bewältigen können – sie haben gelernt, ihre Kräfte auf Wichtigeres zu fokussieren.

Und sie haben gelernt, viel von ihrer Arbeit „im Untergrund voranschreiten zu lassen".

Jetzt kommt eine tolle Wahrheit:

Je mehr du machst, desto mehr machst du;

je weniger du machst, desto weniger machst du.

Ja, Sie wissen, dass das stimmt. Sie kennen das: An einem Wochenende machen Sie sich eine Liste, was Sie im Haus alles erledigen wollen – sie werden geschäftig und kommen darauf, dass Sie eine ganze Menge erledigen sollten und schließlich bewältigen Sie sogar alles. An einem anderen Wochenende liegen Sie bloß auf Ihrer faulen Haut, Sie lassen die Welt an sich vorüberziehen und rühren nicht einen Finger.

Arbeit schafft Arbeit. Anstrengungen schaffen Anstrengungen. Und Ideen schaffen Ideen.

Außerdem müssen Sie wohl oder übel über etwas nachdenken, also warum nicht über eine andere Idee, ein anderes Problem oder ein anderes Projekt?

Und wenn nach einer Weile die Lösung zu Ihrem ursprünglichen Problem noch immer nicht aufgetaucht ist, während Sie sich rasierten oder eine Kuh melkten oder einen Bus bestiegen, beginnen Sie zu einem späteren Zeitpunkt wieder daran zu arbeiten, zu tüfteln und zu nagen. Dann werden Sie wahrscheinlich Wege sehen, die zuvor nicht da waren; verschlossene Türen werden sich öffnen; Hindernisse werden verschwunden sein; Sie werden neue Einblicke haben und neue Hoffnung fühlen und neue Beziehungen und Verbindungen und Strukturen und Möglichkeiten sehen.

Und das ist der Augenblick, in dem die Idee einschlagen wird.

Wumm.

„Ah", werden Sie sagen. „Wieso habe ich nicht früher daran gedacht?"

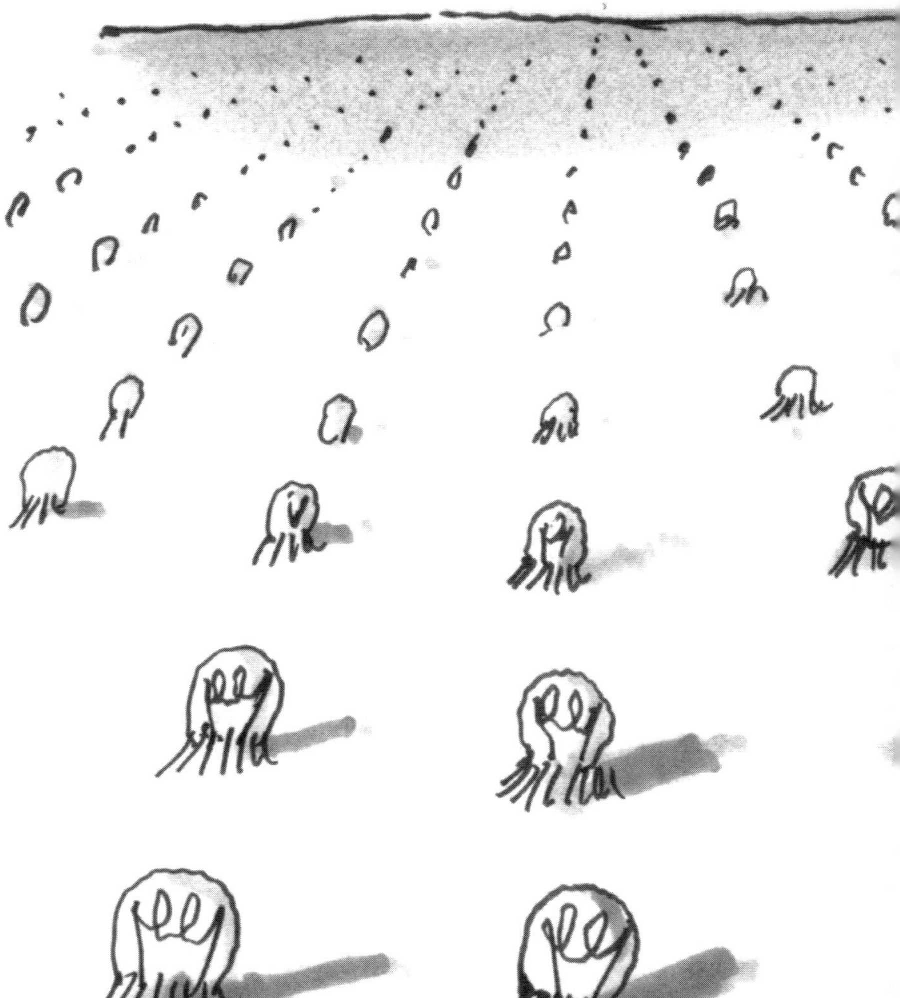

14. SETZEN SIE DIE IDEE IN DIE PRAXIS UM

Auch wenn Sie auf dem richtigen Weg sind, Sie werden überrannt werden, falls Sie bloß dort sitzen. WILL ROGERS

Ein Vizepräsident einer Werbeagentur ist ein „Maulwurfshügel-Mann". Ein „Maulwurfshügel-Mann" ist ein „pseudo-beschäftigter" leitender Angestellter, der um neun Uhr morgens ins Büro kommt und auf seinem Schreibtisch einen „Maulwurfshügel" vorfindet. Er hat bis fünf Uhr nachmittags Zeit, diesen Maulwurfshügel in einen Berg zu verwandeln. Ein versierter „Maulwurfshügel-Mann" wird diesen Berg schon vor der Mittagspause fertig haben.

FRED ALLEN

Als ich entführt wurde, wurden meine Eltern umgehend aktiv. Sie vermieteten mein Zimmer. WOODY ALLEN

Wie wir bereits in Kapitel 7 besprochen haben, müssen Sie mutig sein und jemandem von Ihrer Idee erzählen. Und selbst wenn Sie auf ein Gähnen oder Hohngelächter stößt, müssen Sie weitermachen. Doch was passiert, wenn Ihre Idee Anerkennung erntet?

Georg Ade war zu Beginn dieses Jahrhunderts ein äußerst produktiver Autor. Ich las einmal ein Interview, das irgendein Typ mit seiner Mutter führte. Er war nicht gerade ein Bewunderer der Arbeit ihres Sohnes und taktlos genug, sie über Ades angeblich kapriziösen Stil, den ungenauen Aufbau seiner Werke und die oberflächliche Ausarbeitung der Charaktere zu befragen.

Schließlich hatte Frau Ade genug. „Ja, ich weiß, dass viele Menschen besser schreiben können als George", sagte sie. „Aber George macht es wenigstens."

„George macht es."

Das ist einer der besten Sätze, die jemals jemand gesagt hat. In drei Worten kristallisiert er heraus, was mit so vielen Menschen (mich eingeschlossen) passiert, nämlich: Man hat eine Idee, erzählt jemandem davon, alle meinen „Wow, das ist großartig!", und dann macht man irgendetwas anderes und arbeitet nie wieder an der Idee, von der man den Menschen erzählt hat.

Ich denke, der Grund liegt darin: „Wow, das ist großartig!" ist schon der Belohnung genug. Es gibt einem so ein nettes, wohlig warmes Gefühl, weil man jetzt die Gewissheit hat, dass die Idee wirklich gut ist, und jeder glaubt, man sei genial.

Aber wenn mit Ihrer Idee nun nichts weiter passiert, wenn sie niemandem hilft, nichts rettet oder repariert oder schafft, wenn sie nichts verbessert oder kein Problem löst, wie gut ist sie dann wirklich?

Die Wahrheit ist: Es gibt keinen Unterschied zwischen (a) eine Idee zu haben und nichts daraus zu machen und (b) überhaupt keine Idee zu haben.

Also, wenn Sie nicht vorhaben, etwas mit Ihren Ideen anzufangen, brauchen Sie von vornherein keine zu haben. Es wäre reine Zeit- und Energieverschwendung.

Und entweder (a) Sie erzählen niemandem von Ihrer Idee oder (b) Sie lassen „Wow, das ist großartig!" nicht alles gewesen sein.

Okay? Sind wir einer Meinung? Wenn Sie eine Idee haben, versprechen Sie, einmal mehr mutig zu sein und auch den nächsten Schritt zu tun. Gut.

Hier sind ein paar Dinge, die vielleicht hilfreich sein könnten:

BEGINNEN SIE JETZT

Wird Ihr Enthusiasmus für Ihre Idee morgen stärker oder schwächer sein? Warum also warten?

Emerson sagte: „Nichts Großes wird je ohne Enthusiasmus vollbracht werden." Und je mehr Enthusiasmus, desto besser.

Abgesehen davon ist es prinzipiell immer falsch, irgendetwas aufzuschieben.

Leiten Sie es jetzt in die Wege. Sobald Sie einmal Ihre Anfangsträgheit überwunden haben und in Schwung kommen, entwickelt eine Idee eine bestimmte Eigendynamik. Sie bewegt sich in Themenbereiche vor, wovon Sie sich niemals erträumt hätten, dass Ihre Idee da hineinpassen könnte; sie reißt Barrieren nieder, überwindet Einwände und überwältigt Logik.

WENN SIE VORHABEN, ETWAS ZU TUN, TUN SIE ES

Wenn Sie sich nicht der Umsetzung Ihrer Idee verschreiben, werden Sie wahrscheinlich Wochen oder Monate später sagen: „Wenn ich doch nur dieses oder jenes gemacht hätte."

Eine der besten Möglichkeiten, sich einer Sache zu widmen, ist, Geld ins Spiel zu bringen. Heben Sie ein bisschen Geld von Ihrem Sparbuch ab oder leihen Sie sich etwas von Ihrem Schwager, eröffnen Sie auf den Namen Ihrer Idee ein Girokonto, und geben Sie ein wenig vom angelegten Geld aus, um etwas zu unternehmen, das Ihr Projekt ins Rollen bringt.

Das ist Engagement. Und Engagement bewirkt Aktion.

SETZEN SIE SICH EINE DEADLINE --
JE KÜRZER, DESTO BESSER

Es ist erstaunlich, was man nicht alles erledigen kann, wenn man weiß, dass es einfach gemacht werden muss.

Edison verkündete oft, er würde das eine oder andere in der und der Zeit erfinden. F. R. Upton, einer seiner engsten Mitarbeiter, sagte: „Ich habe oft vermutet, dass sich Edison durch verfrühte Publikationen absichtlich in Schwierigkeiten gebracht hat ... um auf diese Weise den höchsten Ansporn zu haben, dem drohenden Gesichtsverlust doch noch zu entrinnen."

Ich machte das zumeist, wenn ich Werbungen entwickelte. „Wir werden noch drei weitere Ideen haben", würde ich meinem Partner zu Mittag sagen, „und dann machen wir Mittagspause." Natürlich hatten wir schnell drei weitere Ideen. Mittagessen ist nun einmal lebensnotwendig.

ERSTELLEN SIE EINE LISTE MIT DEN
DINGEN, DIE SIE TUN MÜSSEN,
UM IHRE IDEE IN DIE TAT UMZUSETZEN

Dann erledigen Sie jeden Tag zumindest einen Punkt auf dieser Liste. Wenn Sie das Gefühl haben, dass Ihnen das Ganze ein bisschen über den Kopf wächst, weil die Idee außerhalb Ihres Fachgebietes liegt, dann sollten Sie eine Bibliothek aufsuchen und etwas darüber lesen. Oder fragen Sie jemanden. Oder besuchen Sie einen Kurs.

Wenn Sie eine Zeichnung brauchen, lassen Sie sie anfertigen.

Falls Sie einen Patentanwalt benötigen, kontaktieren Sie einen. Die Idee für Stacheldraht gab es schon seit Jahren. Aber Joseph Glidden machte ganz einfach etwas daraus. Im Jahre 1873 beantragte er ein Patent für ein zweisträhniges Design namens „Winner" und verdiente Millionen damit.

Wenn Sie eine Broschüre schreiben müssen, beginnen Sie damit.

Wenn Sie Gitarre spielen lernen müssen, legen Sie dieses Buch zur Seite und rufen Sie einen Gitarrelehrer an.

Wenn Sie ... ah, ich glaube, Sie verstehen, was ich meine.

Aber vergessen Sie nicht: Unternehmen Sie jeden Tag etwas bezüglich Ihrer Idee. Starten Sie Ihren Computer oder Ihr Notebook oder öffnen Sie Ihre Mappe und kritzeln Sie etwas hinein ... aber machen Sie etwas. Jeden Tag. Auch wenn Sie nur durchgehen, was Sie gestern ausgearbeitet haben – tun Sie es.

Am Ende des Monats werden Sie überrascht sein, wie viel Sie geschafft haben. Am Ende des Jahres werden Sie es kaum noch glauben.

„ZÜNDEN SIE IHRE BOOTE AN"

Julius Cäsar und einige andere Feldherren benützten diese Technik, wenn sie fremde Gebiete erobern wollten. Es war eine eindrucksvolle

Demonstration für ihre Truppen – da ein Rückzug unmöglich geworden war, mussten sie das Feindesland entweder einnehmen oder selbst untergehen, es gab keinen Spielraum für Alternativen, keine Möglichkeit für Ausreden.

Welche Ausreden werden Sie verwenden, falls Sie versagen? Verbrennen Sie sie.

Sie haben nicht genug Geld? Okay, leihen Sie sich Geld. Jetzt haben Sie nicht länger die „Ich habe kein Geld"-Ausrede, auf die Sie zurückgreifen können.

Sie haben nicht genug Zeit? Okay, verbrennen Sie nun auch dieses Boot: Stehen Sie jeden Tag eine oder zwei Stunden früher auf und arbeiten Sie an der Umsetzung Ihrer Idee.

Sie wissen nicht genug? Okay, lernen Sie das Nötige.

„Zünden Sie Ihre Boote an."

WENN SIE SCHWIERIGKEITEN HABEN, IHRE IDEE ZU VERKAUFEN, DANN ZIEHEN SIE DIE REALISIERUNG SELBST DURCH

Thomas Adams versuchte seine Idee eines Gummis, den die Menschen kauen könnten, einer großen Firma zu verkaufen. Dort zeigte man jedoch null Interesse. Also erzeugte und verkaufte er den Kaugummi selbst und begründete damit eine gänzlich neue Branche. Seine vier Söhne erbten jeder ein Vermögen.

Glauben Sie wirklich an Ihre Idee?

Warum lassen Sie sich dann von Menschen, die nicht einmal ein Zehntel so viel darüber nachgedacht und daran gearbeitet haben wie Sie, Ihre Hoffnungen zerstören?

Gehen Sie in die Offensive!

BLEIBEN SIE AM BALL

Jeder hat eine Geschichte über eine Idee zu erzählen, die man einmal gehabt hat („Ich habe da eine Idee, sehen Sie?"): für eine Investition oder eine Erfindung oder ein neues Produkt oder eine neue Dienstleistung oder einen neuen Gebrauch für ein bereits bestehendes Produkt oder eine neue Methode, eine bereits bestehende Dienstleistung zu nützen, oder eine Methode, Geld zu sparen, oder eine Werbung oder eine Entdeckung oder ein Drehbuch oder ein Buch oder ein Gesellschaftsspiel oder ein Videospiel oder ein Video oder ein Computerprogramm oder eine Grundstücksspekulation oder einen „Wie man schnell reich wird"-Plan, wie zum Beispiel Kaffeesatz in Kombination mit pulverisierten Orangenschalen als aromatischen Dünger für Zimmerpflanzen zu verkaufen – aber leider, man hat nie etwas daraus gemacht, und irgendjemand anderer erntet womöglich den ganzen Ruhm und verdient obendrein ein Vermögen damit.

Natürlich habe auch ich so eine Geschichte zu erzählen. Eigentlich eine ganze Reihe davon. Sie wahrscheinlich auch.

Hier folgen ein paar berühmte:

James Clark Maxwell erkannte als Erster das Phänomen der Übertragung von Radiowellen und beschrieb es mathematisch. Aber er war Mathematiker, und wie für jeden richtigen Mathematiker war für ihn die Sache erledigt, sobald er einen Beweis für seine Behauptung gefunden hatte.

Robert Hook entdeckte wahrscheinlich das Gesetz der Schwerkraft und hatte Theorien zu Licht und Farbe entwickelt, bevor Newton sein Gesetz der Gravitation und sein Buch über Optik verfasste. Aber Hook verfolgte diese Entdeckungen nie weiter.

Otto Titzling erfand den Büstenhalter, ließ ihn allerdings nicht patentieren. Philippe de Brassiére schon.

Hier ist ein Poster, das mein erster Chef, Bud Boyd, an einer Wand in seinem Büro aufgehängt hatte:

„Es ist häufiger der Fall", sagte Bud, „dass Menschen nicht versagen, sondern – sie hören auf, es zu versuchen."

Hören Sie nicht auf. Bleiben Sie am Ball.

Kopieren Sie das Poster von Bud und hängen Sie es an die Wand.

GEBEN SIE SICH SELBST EINEN GRUND

Ich hatte die Idee für dieses Buch vor drei Jahren. Ich brauchte hauptsächlich deshalb so lange, es fertig zu stellen, weil ich keine der Regeln befolgte (abgesehen von den letzten zwei – ich blieb am Ball und lieferte mir selbst einen Grund).

Ich bin ein langsamer Schreiber. Auch wenn es nicht danach ausschauen mag; von drei Sätzen, die ich schrieb, warf ich zwei wieder weg; und jeden Satz, den ich behielt, schrieb ich dreimal um und interpunktierte ich viermal neu.

Außerdem schrieb ich mehrere Monate lang gar nichts.

Es gab viele Gründe, warum ich am Ball blieb – Geld, Anerkennung, Stolz, Sturheit, Neugierde, Spaß, der Wunsch zu helfen.

Aber der Hauptgrund nicht aufzugeben war, dass ich wusste, ich mir der Chance bewusst war, wieder einmal mit jemanden zusammenarbeiten zu können, mit dem ich schon lange nicht mehr das Vergnügen hatte zu arbeiten – dem Illustrator dieses Buches.

Jetzt müssen Larry und ich daran arbeiten, es zu veröffentlichen.

Wir alle müssen einen Grund finden, der uns weiterbringt, ebenso wie mich die Aussicht auf eine Zusammenarbeit mit Larry motiviert hat, weiterzumachen.

Dass Sie nun dieses Buch lesen, möchte ich als Zeichen unseres Erfolges werten.

Finden Sie Ihren Grund.

ANMERKUNGEN

EINLEITUNG

Seite 15: Woody Allen, My Speech to the Graduates (New York: Ballantine Books, 1981).

Marilyn Monroe, zitiert von Laurence J. Peter, Peter's Quotations – Ideas for Our Times (New York: William Morrow, 1979).

Unbekannt, zitiert von Robert Byrne, The 637 Best Things Anybody Ever Said (New York: Fawcett Crest, 1982).

Seite 16: James Webb Young, A Technique for Producing Ideas (Chicago: Advertising Publications, Inc., 1951).

Seite 17: Die kreativen Schritte von Helmholtz sind aus James F. Fixx, More Games for the Super-Intelligent (New York: Popular Library, 1972).

Die kreativen Stadien von Moshe F. Rubinstein sind aus James F. Fixx, Solve It (New York: Fawcett Popular Library, 1978).

KAPITEL 1: WAS IST EINE IDEE

Seite 23: Das Zitat von Charles Schultz ist aus einem Peanuts-Comicstrip, Januar 1982.

Mark Twain, The Portable Mark Twain (New York: The Viking Press, Inc., 1963).

Seite 24: A. E. Houseman wurde von Arthur Koestler in The Act of Creation (New York: The Macmillian Company, 1964) zitiert.

Die Wörterbuch-Definitionen sind aus American Heritage Dictionary, Webster's Third New International Dictionary und Webster's Seventh New Collegiate Dictionary.

Seite 25: Marvin Minsky, The Society of Mind (New York: Simon and Schuster, 1988). [dt.: Mentopolis (Klett-Cotta, Stuttgart: 1994)]

Seite 27: J. Bronowski, A Sense of the Future (London, England: The MIT Press, 1977).

Seite 28: Hadamard, zitiert von Koestler in The Act of Creation.

T. S. Eliot, zitiert von Richard Lederer in The Miracle of Language (New York: Pocket Books, eine Abteilung von Simon and Schuster, Inc., 1991).

Bronowski, A sense of the Future.

Seite 29: Robert Frost, zitiert in Contemporary Quotations, zusammengestellt von James
B. Simpson (Boston: Houghton-Mifflin, Co., 1988).

Francis H. Cartier, zitiert von Peter in Peter's Quotations.

Koestler, The Act of Creation.

KAPITEL 2: HABEN SIE SPASS

Seite 33: Mary Pettibone Poole, A Glass Eye at a Keyhole (Philadelphia: Dorrance & Company, 1938).

Guy Davenport, zitiert von William Buckley in New York Times Book Review, 24. März
1977.

Oscar Wilde, zitiert von Byrne, The 637 Best Things.

Seite 35: David Ogilvy, How to Run an Advertising Agency, Werbung.

Paul Valéry, zitiert in The New International Dictionary of Quotations (New York: E. P.
Dutton, 1986).

Seite 36: Johnny Carson, zitiert von Byrne, The 637 Best Things.

Woody Allen, „Selections from the Allen Notebook" in Without Feathers (New York:
Random House, 1975).

Damon Runyon, zitiert von Byrne, The 637 Best Things.

Ring Lardner, The Young Immigrants (New York: Scribner, 1962).

Seite 37: Die Angaben über Hutchins und Lipman sind von David Wallechinsky und Irving Wallace, The People's Almanac (New York: Doubleday & Co., Inc., 1975).

Seite 41: Jerry Greenfield, zitiert in Rolling Stone, 9. Juli 1992.

Tom J. Peters, zitiert in der Los Angeles Times.

KAPITEL 3: WERDEN SIE EINFALLSREICH

Seite 43: Samuel Johnson, zitiert von James Boswell, Life of Johnson (New York: Viking
Penguin, 1979).

G. C. Lichtenberg, zitiert von Peter, Peter's Quotations.

Kent Ruth, zitiert von Peter, Peter's Quotations.

Seite 47: Die Angabe über den Rasierbecher ist aus David Louis, 2201 Fascinating Facts
(New York: Random House Value, 1988).

Die Angabe über den Stacheldraht ist aus dem Magazin The Antique Trader.

Lincoln Steffens, The Autobiography of Lincoln Steffens (New York: Harcourt Brace Jo-
vanovich, Inc., 1931).

Seite 51: Émile Coué, zitiert von Maxwell Maltz, Psycho-Cybernetics (New Jersey: Prentice-Hall, Inc., 1960).

Norbert Wiener, The Human Use of Human Beings (Boston: Houghton-Mifflin, 1950).

Seite 52: Joseph Heller, zitiert von George Plimpton, The Writer's Chapbook (New York: Viking Penguin, 1989).

Thomas Edison, zitiert von Maltz, Psycho-Cybernetics.

Seite 55: Virgil, zitiert von Anthony Robbins, Unlimited Power (New York: Simon and Schuster, 1986).

Seite 56: Henry Ford, zitiert von Roger von Oech, A Kick in the Seat of the Pants (New York: Harper & Row, 1986). [dt.: Der kreative Kick (Junfermann, Paderborn: 1994)]

William James, zitiert von Alfred Armand Montapert, Distilled Wisdom (New Jersey: Prentice-Hall, Inc., 1964).

Jean-Paul Sartre, Existentialism and Human Emotions (New York: Citadel Press, 1971).

Anton Tschechow, zitiert von W. H. Auden, A Certain World (New York: The Viking Press, 1970).

KAPITEL 4: STECKEN SIE SICH ZIELE

Seite 63: Robert Frost, zitiert von Barbara Rowes, The Book of Quotes (New York: E. P. Dutton, 1979).

Lily Tomlin, zitiert von Robert Byrne, The Other 637 Best Things Anybody Ever Said (New York: Fawcett Crest, 1984).

Phyllis Diller, zitiert von Byrne, The 637 Best Things.

Seite 67: Die Basketball- und Darts-Geschichten sind von Maltz, Psycho-Cybernetics.

KAPITEL 5: SEIEN SIE MEHR KIND

Seite 71: Ralph Waldo Emerson, Nature (Boston: Beacon Press, 1991). [dt.: Die Natur (Reclam, Ditzingen: 1988)]

Fred Allen und Geoge Berard Shaw, zitiert von Byrne, The 637 Best Things.

W. C. Fields, zitiert von John Robert Columbo, Popcorn in Paradise (New York: Holt, Rinehart and Winston, 1980).

Seite 72: Baudelaire, zitiert in der Los Angeles Times Book Review.

Gary Zukav, The Dancing Wu Li Masters (New York: William Morrow, 1979). [dt.: Die tanzenden Wu-Li Meister (Rowohlt, Reinbek: 1985)]

Seite 74: Jean Piaget, zitiert von Eugene Raudsepp, Creative Growth Games (New York: Jove Publications, 1977).

J. Robert Oppenheimer, zitiert von Marshall McCluhan, The Medium Is the Message (New York: Random House, 1967).

Thomas Edison, zitiert von Mike Vance und Diane Deacon, Think Out of the Box (Franklin Lakes, N. J.: Careeer Press, Inc., 1995).

Der Ausspruch von Will Durant stammt aus einem Brief, zitiert in einer 1983 erschienenen Jack Smith Kolumne in der Los Angeles Times.

Albert Einstein, zitiert von John D. Barrow, Theories of Everything (Oxford, England: Clarebdon Press, 1991). [dt.: Theorien für alles (Spektrum Akademischer Verlag, Heidelberg: 1992)]

Seite 75: Dylan Thomas, The Poems of Dylan Thomas (New York: New Directions, 1971).

Robert M. Pirsig, Zen and the Art of Motorcycle Maintenance (New York: William Morrow, 1974). [dt.: Zen und die Kunst ein Motorrad zu warten (Fischer, Frankfurt: 1982)]

Seite 77: Carl Sagan, zitiert in der Los Angeles Times am 4. 12. 1994.

Neil Postman, zitiert von Raudsepp, Creative Growth Games.

KAPITEL 6: INPUTS! INPUTS! INPUTS!

Seite 83: Fletcher Knebel, zitiert in Contemporary Quotations, zusammengestellt von Simpson.

Ethel Watts Mumford, zitiert von Peter, Peter's Quotations.

H. L. Mencken, zitiert von Byrne, The 637 Best Things.

Seite 89: Louis L'Amour, zitiert von Vance und Deacon, Think Out of the Box.

KAPITEL 7: WERDEN SIE MUTIGER

Seite 101: Franklin P. Jones und Woody Allen, zitiert von Byrne, The 637 Best Things.

Jamaikanisches Sprichwort, zitiert von Peter, Peter's Quotations.

Seite 102: Charles Brower, zitiert in Contemporary Quotations, zusammengestellt von Simpson.

Seite 104: Robert Grudin, The Grace of Great Things (New York: Ticknor & Fields, 1990).

Seite 105: Die Angabe über Richard Drew ist aus Vance und Deacon, Think Out of the Box.

Die Angaben über Joseph Priestley und Blaise Pascal sind aus Louis, 2201 Fascinating Facts.

Die anderen „Schlechte Idee"-Angaben sind aus Wallenchinsky und Wallace, The People's Almanac, oder Allgemeinwissen.

Seite 107: Ray Bradbury, Zen in the Art of Writing (Santa Barbara: Capra Press, 1990).

Seite 109: Grudin, The Grace of Great Things.

KAPITEL 8: REVIDIEREN SIE IHRE DENKWEISEN

Seite 111: Bertrand Russel, zitiert von A. Flew, Thinking about Social Thinking (Buffalo, N. Y.: Prometheus Books, 1995).

Jaemes Thurber und Martin H. Fischer, zitiert von Peter, Peter's Quotations.

Seite 113 f.: Die Einstein-Angabe ist aus Eugene Raudsepp, How Creative Are You? (New York: Perigee Books, 1981).

Die David-Hilbert-Angabe ist aus George Gamow, One, Two, Three ... Infinity (New York: Viking Press, 1947).

Die Angaben über Kelvin, Freud und Newton sind aus Koestler, The Act of Creation.

Seite 117: Edward de Bono, Lateral Thinking (New York: Harper & Row, 1970). [dt.: Laterales Denken (Econ, Düsseldorf: 1992)]

Seite 126: Rollo May, The Courage to Create (New York: W. W. Norton, 1975). [dt.: Der Mut zur Kreativität (Junfermann, Paderborn: 1987)]

Seite 127: Joseph Heller, zitiert von Plimpton, The Writer's Chapbook.

Leonardo da Vinci, zitiert von W. H. Auden und Louis Kronenberger, The Viking Book of Aphorisms (New York: The Viking Press, 1992).

Duke Ellington, zitiert von May, The Courage to Create.

Die Walter-Hunt-Angabe ist aus Wallechinsky und Wallace, The People's Almanac.

Seite 128: John Dryden, zitiert von Bronowski, A Sense of the Future.

May, The Courage to Create.

KAPITEL 9: LERNEN SIE KREATIV ZU KOMBINIEREN

Seite 131: Bum Phillips, zitiert von Byrne, The 637 Best Things.

Steve Allen, zitiert in Contemporary Quotations, zusammengestellt von Simpson.

Rousseau und andere, zitiert von J. M. und M. J. Cohen, The Penguin Dictionary of Modern Quotations (New York. Penguin Books, 1980).

Seite 139: Roger von Oech, A Whack on the Side of the Head (New York: Warner Books, 1983).

Seite 140: Die Angabe über James J. Ritty ist aus David Wallechinsky und Irving Wallace, The People's Almanac (New York: A Bantam Book, 1978).

Charles Darwin, zitiert von Robert B. Downes, Books That Changed the World (New York: Mentor Books, 1956).

Seite 141: Die Angabe über Benjamin Huntsman ist aus James Burke, Connections (Boston: Little Brown & Company, 1978).

Die Angabe über George Westinghouse ist von den Redakteuren von American Heritage, the Confident Years (New York: American Heritage Publishing Co., 1969).

Die Angaben über Descartes, Oersted u. a. und über Kepler sind aus Koestler, The Act of Creation.

Seite 142: Thelonious Monk, zitiert von Bill Bernbach in einer Rede vom 17. Mai 1980.

KAPITEL 10: DEFINIEREN SIE DAS PROBLEM

Seite 145: Benjamin Disraeli, zitiert in Morrow's International Dictionary of Contemporary Quotations (New York: William Morrow, 1982).

James Thurber und Gore Vidal, zitiert von Byrne, The 637 Best Things.

Picasso, zitiert von William Fifield, In Search of Genius (New York: William Morrow, 1982).

Seite 147: Albert Einstein, zitiert von Anne C. Roark in der Los Angeles Times vom 29. September 1989.

Die Angabe über Edward Jenner ist aus Edward de Bono, New Think (New York: Avon Books, 1967).

Seite 148: Koestler, The Act of Creation.

Jonas Salk, zitiert von Bill Moyers, A World of Ideas with Bill Moyers, PBS 1990 (New York: Doubleday, 1990).

KAPITEL 11: SAMMELN SIE INFORMATIONEN

Seite 161: Will Cuppy, The Decline and Fall of Practically Everybody (New York: Holt, 1950). [dt.: Fast jedermanns Größe und Dekadenz (Jadot, Berlin: 1987)]

Steve Kravitz und Thomas Edison, zitiert von Byrne, The 637 Best Things.

Seite 166: Bud Robbins, Looking for the Capo d'astro bar, Werbung.

Seite 169: Bill Bernbach in einer Rede vom 17. Mai 1980.

Seite 172: Thomas Mann, zitiert in The Harper Book of Quotations (New York: HarperPerennial, 1993).

KAPITEL 12: SUCHEN SIE NACH DER IDEE

Seite 175: Florynce Kennedy, zitiert von Gloria Steinem in „The Verbal Karate of Florynce Kennedy", Ms., März 1973.

Gene Fowler, zitiert von Jon Winokur, Writers on Writing (Philadelphia: Running Press, 1986).

Seite 176: Hal Riney, ADWEEK, Februar 1983.

Seite 177: Linus Pauling, zitiert von von Oech, A Kick in the Seat of the Pants.

Seite 182: Die Andrew-Wiles-Angabe ist aus People Weekly, 27. Dezember 1993, 3. 1. 1994.

Die Gatling-Angabe ist von Wallechinsky und Wallace, The People's Almanac.

KAPITEL 13: DENKEN SIE NICHT MEHR DARAN

Seite 185: Publilius Syrus, zitiert von Byrne, The 637 Best Things.

Eric Morecambe und Ernie Wise, zitiert von Fred Metcalf, The Penguin Dictionary of Modern Humorous Quotations (London: Penguin Books, 1987).

Italo Svevo, zitiert von Peter, Peter's Quotations.

Seite 186: Andy Rooney, ADWEEK, 7. Februar 1983.

Seite 187: Helmholtz, zitiert von Fixx, More Games for the Super-Intelligent.

Die Einstein-Angabe ist aus Creativity, herausgegeben von Paul Smith (New York: Hastings House, 1959).

Grant Wood, zitiert in Contemporary Quotations, zusammengestellt von Simpson.

Die Angabe über Heri Poincaré ist aus Creativity, herausgegeben von Smith.

Bertrand Russel, The Conquest of Happiness (New Jersey. Garden City Publishing Co., Inc., 1933).

Seite 188: Die Angabe über C. G. Suits ist aus Maltz, Psycho-Cybernetics.

May, The Courage to Create.

Lloyd Morgan, zitiert von Koestler, The Act of Creation.

Philip Goldberg, The Babinski Reflex (Los Angeles: Jeremy P. Tarcher, Inc., 1990).

Seite 190: Carl Sagan, zitiert in der Los Angeles Times vom 2. 12. 1994.

Seite 191: Isaac Asimov, zitiert von Winokur, Writers on Writing.

KAPITEL 14: SETZEN SIE DIE IDEE IN DIE PRAXIS UM

Seite 195: Will Rogers, zitiert von Vern McLellean, Wise and Wacky Wit (Wheaton, Illinois: Tyndale House Publishers, Inc., 1992).

Fred Allen, zitiert in Contemporary Quotations, zusammengestellt von Simpson.

Woody Allen, zitiert von Byrne, The 637 Best Things.

Seite 198: Ralph Waldo Emerson, zitiert von John Bartlett in Familiar Quotations (Boston: Little Brown & CO., 1955).

Seite 199: F. R. Upton, zitiert von Matthew Josephson, Edison (New York: McGraw-Hill Paperbacks, 1959).

Seite 200: Die Angabe über Joseph Glidden ist aus Owen Edwards, Elegant Solutions (New York: Crown Publishers, Inc., 1989).

Seite 202: Die Angabe über Thomas Adams ist aus Wallechinsky und Wallace, The People's Almanac.

Seite 203: Die Angaben über James Clark Maxwell und Robert Hook sind aus einer Aufsatzsammlung, die von der Karpeles Manuscript Bibliothek herausgegeben wurde.

Die Angabe über Otto Titzling ist aus Wallechinsky und Wallace, The People's Almanac.

ÜBER DEN AUTOR

Jack Foster war 18 Jahre alt und arbeitete mit ungefähr 150 anderen Leuten bei einer Versicherungsgesellschaft, als er auf die Idee kam, seinen Wochenlohn in einer Tombola zu verlosen. 50 Cents, um vielleicht 27,5 Dollar zu gewinnen.

In der ersten Woche machte er einen Gewinn von sechs Dollar. Die darauf folgende Woche hatte er schon 53 Dollar für seine Tombola gesammelt, als sein Boß herausfand, was er vorhatte. Er forderte ihn auf, das Geld unverzüglich zurückzugeben. Dann feuerte er ihn. Seit damals versucht Jack Foster, Ideen zu haben, auf dass er nicht gekündigt wird.

Er kam durch Zufall vor 40 Jahren als Texter in die Werbebranche und brütet seither an neuen Ideen: Ideen für Unternehmensziele der Firmen Carnation, Mazda, Sunkist, Mattel, ARCO, First Interstate Bank, Albetson's, Ore-Ida, Suzuki, Denny's, Universal Studios, Northrup, Rand McNally und Smokey Bear, um nur einige zu nennen.

Während der 15 Jahre, in denen Jack Foster als leitender Creativ Director bei Foote, Cone und Belding in Los Angeles tätig war, wurde das Unternehmen zur größten Werbeagentur der Westküste. Er gewann außerdem Dutzende von Werbepreisen, unter anderem wurde er durch den Los Angeles Creative Club zum „kreativsten Menschen des Jahres" gekürt.

Sieben Jahre lang prägte er den Unterricht des Faches „Werbung" an der Universität of Southern California maßgeblich mit, drei Jahre lang war er in einem Erweiterungskurs zum Thema „kreatives Werben" an der University of California in Los Angeles als Lehrer tätig.

Er heiratete Nancy („Die beste Idee", wie er sagt, „die ich jemals hatte") vor 39 Jahren. Das Ehepaar Foster lebt in Santa Barbara, Kaliformien.

ÜBER DEN ILLUSTRATOR

Ich wurde in London geboren. Es regnete.

Nachdem ich 15 Jahre lang Latein studiert hatte, beschloss ich, in die Werbebranche zu gehen.

Mein erster Job war Lehrling bei einer Werbeagentur namens Graham und Gilles. Ich wechselte die Wassertöpfe für die Künstler (damals wurden Layouts mit Wasserfarben gemalt) und bereitete ihnen Tee. Das war vor den Leuchtstiften. Das war sogar vor der Gummilösung – so alt bin ich schon.

Es regnete. Es regnete immer und ich sah mir meine damalige Lieblingssendung im Fernsehen an – 77 Sunset Strip. Ich sagte: „Ah, Sonne, Palmen, Frauen." Mein Vater kaufte mir den Hinflug.

Ich traf Jack Foster vor 30 Jahren bei der Werbeagentur Erwin Wasex in Los Angeles und dann wieder bei Foote, Cone and Belding.

Wir haben ungefähr 17 Jahre zusammengearbeitet und hatten eine unglaublich schöne Zeit. Und so war es auch, als wir dieses Buch gemeinsam machten.